❖ 农村土地制度改革研究

丛书主编 黄贤金 陈美球

张笑寒 著

中国农村妇女土地权益流失探析

南京大学出版社

图书在版编目(CIP)数据

中国农村妇女土地权益流失探析 / 张笑寒著. — 南京：南京大学出版社，2019.9
（农村土地制度改革研究 / 黄贤金，陈美球主编）
ISBN 978-7-305-22089-0

Ⅰ. ①农… Ⅱ. ①张… Ⅲ. ①农村-妇女-土地所有权-权益保护-研究-中国 Ⅳ. ①F321.1

中国版本图书馆 CIP 数据核字(2019)第 085918 号

出版发行　南京大学出版社
社　　　址　南京市汉口路 22 号　　　　　邮　编　210093
出 版 人　金鑫荣

丛 书 名　农村土地制度改革研究
主　　编　黄贤金　陈美球
书　　名　**中国农村妇女土地权益流失探析**
著　　者　张笑寒
责任编辑　杨　博　吴　汀　　　　　编辑热线　025-83593947

照　　排　南京南琳图文制作有限公司
印　　刷　江苏凤凰数码印务有限公司
开　　本　718×1000　1/16　印张 12.5　字数 141 千
版　　次　2019 年 9 月第 1 版　2019 年 9 月第 1 次印刷
ISBN 978-7-305-22089-0
定　　价　58.00 元

网址：http://www.njupco.com
官方微博：http://weibo.com/njupco
官方微信号：njupress
销售咨询热线：(025) 83594756

总　序

　　农村土地制度改革关系到农民土地权益的实现,关系到城乡融合发展战略的实施。由此,自 2015 年以来开展了以农村土地征收、集体经营性建设用地入市、宅基地制度改革为重点的"三块地"改革试点,2016 年我国又实施了以农村土地承包制度完善为核心的农村土地所有权、承包权、经营权"三权分置"制度改革,从而形成了涵盖农村主要土地利用类型的农村土地制度改革内容,为全面构建支撑基本现代化建设的中国农村土地制度打下了基础。

　　这一轮农村土地制度的全面改革,不仅是贯彻落实中共十八大关于全面深化改革战略部署的重要部分,也是建设现代化强国发展之路上的重要一站。从 20 世纪 50 年代的土地改革,到助推改革开放的农地承包经营制度创新,再到当前的农村土地制度综合改革,每一次改革都有其时代性特征,也为下一阶段的农村土地制度完善埋下了伏笔。

　　农村土地承载着农村的发展、农民的生活乃至城市的兴衰,是实现乡村振兴和国强民富的重要支撑。然而长期以来,受城乡二元体制的影响,农村土地配置受限、农民土地权益受损等问题日益突显,不仅制约了农村地区的发展,也影响到了健康的城乡发展,甚至国民经济和社会发展全局。正是在这样的背景下,新一轮农村土地制度改革应运而生。总体而言,此次农村土地制度改革旨在通过赋予农民应有的土地权益和激活农村低效闲置的土地,来改善农民福祉、促进乡村振兴,并逐步实现城乡融合发展的战略目标。为此,从中共十八大提出改革要求,到十八届三中全会明确改革任务,再到中共中央办公厅、国务院办公厅《关于农村土地征收、集体经营性建设用地入市、宅基地制度改革试点工作的意见》(中办发〔2014〕71 号)进一步提出具体试点部署,以及《关于完善农村土地所有权承包权经营权分置办法的意见》,国家层面对改革试点做出了全方位的设计安排。

概括来看,此次农村土地制度改革的核心内容包括四个方面:一是针对目前征地范围过宽,征地程序不完善,补偿安置难以保障被征地农民长远生计等问题,完善农村土地征收制度;二是针对目前集体建设用地权能不完整,无法实现与国有建设用地同等入市、同权同价等问题,推动集体经营性建设用地入市;三是针对目前宅基地取得和保障制度不完善,低效闲置现象普遍和自愿有偿退出机制不健全等问题,探索宅基地制度改革;四是针对农村承包地流转难,难以满足农业劳动力流动以及农业资本市场发展的需要,从而探索经营权与承包权分离的新思路。

这些年来,国家不仅全面探索了农村土地承包权制度的改革,而且还着重围绕国家的顶层设计,将 33 个市(县、区)正式列入农村集体建设用地制度改革试点,国内不少其他地区也在纷纷针对各自面临的问题探究农村土地制度的改革与创新路径。改革实践固然离不开理论的指导,但其反过来也会指引理论的发展。在当前农村土地制度改革如火如荼推进的过程中,适时检视改革实践和总结吸收改革经验,不仅有

助于改革的顺利推进,也将为农村土地制度及相关理论的发展完善提
供重要支撑。《农村土地制度改革研究》丛书的推出,就是要及时跟踪
农村土地制度改革的最新进展、研讨改革过程中遇到的关键问题,并探
寻突破改革难点和困境的有效路径。

　　本丛书由近年来活跃在相关领域的多位中青年学者有关农村土地
制度改革研究的最新成果组成。其中:

　　《乡村振兴与土地使用制度创新》一书主要从土地使用制度创新的
视角,探讨了如何通过激活农村土地要素来集聚"钱和人"等其他要素,
以促进乡村振兴战略的实现。该书选编了作者及其团队近些年在相关
领域发表的 29 篇论文,其中既有深层次的理论思考、也有基于地方实
践的经验凝练;更为可贵的是,作者在系统的理论和实证研究基础上,
提出的一系列政策建议,对于完善农村土地使用制度和促进乡村振兴
意义重大。

　　《中国农村妇女土地权益流失探析》一书主要探讨了农民土地权益
保障研究和实践中极易被忽视的一个重要问题——农村妇女土地权
益。作者基于对江苏、湖北、四川三省的调查,系统阐述了农村妇女土
地权益流失的现状及其影响,并从多维视角探究了农村妇女土地权益
流失的根源,评价了农村妇女土地维权的意识及现状;该研究不仅揭示
了当前中国农村妇女土地权益保障问题的症结,也为这一难题的解决
提供了若干良方。

　　《农民土地依恋问题与征地制度改革》一书则是改变了征地制度改
革研究的传统思路,通过借鉴人文地理学中的地方依恋概念,探讨了农
民的土地依恋与征地制度改革之间的深层关系;特别是定量分析了农
民土地依恋对其征地受偿意愿的具体影响。作者正是抓住了中国农民

与土地之间的情感联系,为完善征地制度提供了一个崭新的视角,也更全面地阐释了征地制度尤其是补偿制度的制定不仅要考虑物质属性的土地价值,也不能忽视与土地紧密相连的农民的情感诉求。

《农村建设用地再开发市场调控及运行机制建设》一书主要针对目前我国村镇建设用地利用与配置低效、市场机制缺失和城乡统一土地市场建立困难等问题,系统研究提出了农村建设用地再开发市场的运行体系与调控机制。作者选择长三角和珠三角等地作为典型研究区域,在探讨农村建设用地再开发市场运行现状、凝练集体建设用地流转模式与创新经验的基础上,结合当前农村土地制度改革的最新动向,构建了集体经营性建设用地流转和宅基地退出的市场运行体系,建立健全了相应的政策管控机制,并进一步从基准地价的评估、市场监测与模拟、供需分析与仿真,以及决策支持系统的研发等方面健全了保障农村建设用地再开发市场运行的技术体系。

毋庸置疑,上述这些研究成果的出版对于推动我国农村土地制度改革及相关领域的理论研究和实践探索有着积极意义。我们也期盼通过本丛书的出版,吸引更多学者和实践工作者参与到农村土地制度改革研究与实践探索之中,为我国农村土地制度的不断优化添砖加瓦。

南京大学教授、中国土地学会副理事长 黄贤金

2019 年 8 月

前　言

　　土地是中国农民的命根子,更是大多数农村妇女的基本生存保障。保护妇女合法土地权益,是改善家庭权利结构、提升妇女社会地位、推动制度文明与社会进步的重要保证,具有十分重要的现实意义。

　　进入二十一世纪,我国农村城镇化进程不断加快,土地增值效应越来越明显。尽管国家法律制度明确赋予了妇女与男子平等的政治和经济权利,但农村中性别歧视现象十分普遍,妇女土地权益流失问题日益突出。因此,如何维护农村妇女土地权益将是我国各级政府与相关部门迫切需要解决的一大问题。

　　本书以江苏、湖北、四川三省为例,系统阐述了中国农村妇女土地权益流失现状、主要问题及其不利影响,从多维视角揭示权益流失之根源,论证妇女土地和参政意识对权益流失的影响,剖析妇女维权所面临的现实制约,进而提出维护农村妇女土地权益的若干政策建议。主要内容包括:

　　第二章提出目前中国的农业女性化趋势正在加剧,其结果必然导致妇女对土地的依赖性更为严重。因此,面对复杂的现实情况,维护农村妇女土地权益十分重要。

第三章在客观介绍国外有关妇女土地权利制度的基础上,系统回顾了中国农村妇女土地权利制度的历史演进路径,并对制度现状进行了总体评价,指出尽管中国已基本建立了保障妇女土地权益的多层次、多方位的法律制度框架,但是农村土地权利的性别平等政策在执行过程中存在偏差,实践中妇女土地权益常常面临流失境地。

第四章是关于农村妇女土地权益流失现状及其特征的一种全面性描述,并以一些典型个案为例剖析了农村出嫁女、离异和丧偶妇女、招赘妇女、未婚妇女等不同婚姻状态下妇女群体的土地权益流失问题,揭示权益流失对于妇女及其家庭与社会所带来的不利影响和后果。

第五章围绕当前农村中发生的土地制度变革及相关权利的分配与调整,分别对妇女面临的不同土地权益流失问题及其表现进行了系统诠释,包括土地承包经营权、征地补偿款分配权、集体经济收益分配权、宅基地分配权等。

第六章分别从土地资源贫困状况、农地法律制度、集体经济组织成员权、村民自治和乡规民约等视角对妇女土地权益流失问题展开了深入探析,揭示国家法与民间法之间的矛盾冲突,把握造成妇女土地权益流失的制度环境根源,为维护妇女土地权益提供决策参考。此外,农村妇女对权益的认知程度、参政意识也是影响其土地权益流失的重要因素,因此本章通过一定样本的妇女问卷调查数据和个案访谈揭示妇女自身的认知水平、参政意识等对其土地权益流失的直接或间接性影响。

第七章客观评价了我国农村妇女土地维权意识及现状,阐述了妇女土地维权的方式和权利救济途径,从妇女自身及外部角度重点论证妇女土地维权所面临的现实制约。

第八章总结了全书的主要结论,并进一步提出了维护农村妇女土地权益的若干政策建议。这些建议包括:将社会性别意识纳入立法程序,修订与完善农村土地承包制度,规范村民自治制度,提高妇女的受教育程度,建立健全妇女土地权益司法救济制度等。

目 录

第一章 导 论

第一节 问题的提出

一、研究背景

进入二十一世纪,我国现代化进程不断加快,土地作为一种生产要素进入市场已是必然趋势。土地权利是农民重要的财产基础,由于历史和现实等诸多因素,在农村现代化、工业化、非农化进程中,妇女土地权益被侵犯现象及由此产生的矛盾纠纷,正日益突出。2016—2017 年全国妇联本级收到妇女土地权益相关投诉 8807 件次,比前两年增长了182%,妇女土地权益类信访事件占财产权益类信访总量的比重几乎达二分之一,近几年各地政府妇联部门纷纷将农村妇女土地权益问题列入年度妇女维权重点课题加以研究。

实际上,中国的现行法律已经赋予了妇女与男子平等的经济、政治权利。婚姻法规定夫妇双方享有平等的财产权利,妇女权益保障法、农村土地承包法以及物权法,均对农村妇女土地权利作了具体规定。可以说,妇女的土地权利在法律和政策上与男子是完全平等的。但是这些保护妇女土地权益的规定散见于各个不同的法律法规条文中,缺乏系统性,再加上这些法律并没有说明如何来维护妇女土地权益,在实践中很难真正起到保护的作用。现实生活中侵犯妇女土地权益的现象屡禁不止,尤其是在一些经济发展迅速、土地收益增值较大的农村地区,近年来因土地纠纷或土地问题上访的事件越来越多,它已成为当前影响农村社会稳定和经济发展的重要因素之一,如果不尽快改变这种状况,加快实施乡村振兴战略、建设全面小康社会的目标有可能落空。

国外已有研究发现,农户家庭内部的地权分配会影响产出,妇女拥有资产和控制产权,能改善家庭消费结构,提高妇女本身及下一代的福利及人力资本积累水平[1]。当前侵害农村妇女土地权益的现象已经引起各级政府及相关部门的高度重视,广东、浙江等地区先后制定了保护妇女土地权益的地方性法规,学术界与实践界也开始关注保护妇女土地权益这一问题。但是,随着农村土地价值的日益凸现,侵害妇女土地权益问题也更加复杂,而且,随着土地承包期的可能延长,这种损害妇女合法权益的行为还有加剧的趋向,因此,保护农村妇女土地权益已成当务之急。

二、研究目的和意义

妇女的地位是考察一个社会制度文明程度的重要标志,维护妇女土地权益不仅具有重要的经济意义,而且是改善家庭权利结构、推动制度文明和社会进步的重要方面。针对农村日趋增多的妇女土地权益问

---

① 克劳斯·丹宁格:《促进增长与缓减贫困的土地政策》,贺达水等译,中国人民大学出版社,2007,第3页。

题,依据实地调研和对个别案例的深度访谈,本书系统研究了妇女土地权益流失的妇女自身、资源、法律、制度、社会等内外根源,探讨构建妇女土地权益的有效保障机制和政策建议。其研究成果可为今后农村妇女土地权益保障的立法和司法体系建设等提供理论参考,为政府部门解决妇女土地权益流失等现实问题提供决策思路,同时希望唤起社会各界对保护妇女这一弱势群体的土地权益的重视,提高妇女社会经济地位,构建和谐社会。

在理论层面,本书运用法学、经济学、公共政策学等分析工具,对我国农村妇女土地权益流失及其根源进行深入探析,对妇女土地权益认知、参政意识、维权行为加以客观评价。本书拓宽了研究视角,而多种研究方法的使用一定程度上也弥补了以往定性分析的不足。

第二节 国内外研究进展

一、国外研究

多数国家的经验表明,妇女拥有包括土地在内的财产权,有利于增强妇女在家庭内部的谈判地位和社会地位。因此,国外学者十分重视各国尤其是发展中国家的妇女土地权益问题研究,且大多数结合某一国家或地区开展调研和探讨,发现现实中妇女的法定权益与她们实际拥有的土地所有权、控制权之间存在很大的差距。如阿根廷法律规定女儿与儿子同样享有继承权,但实际上女儿一直被排除在土地继承权之外;Agarwal 以南亚为例说明妇女可以通过国家、家庭和市场途径取得土地,但女性自己拥有土地几乎不可能①。

妇女拥有或控制土地财产权利可以增强其在家庭与社会中的安全感,推动劳动生产率的提高,这方面国外许多学者拥有共识。Nitya Rao 分析了妇女土地权益与家庭食品安全、性别平等间的关系,并运用印度的个案加以验证②;Aili Mari Tripp 对非洲乌干达的妇女运动、法律文化与土地权益关系展开了调研③;Keera Allendorf 通过在尼泊尔的调查得出妇女拥有土地权利能提高其自身地位、增进产出和家庭福利④;Feder 等以实地数据证实土地确权登记与农地生产率有着显著的正相关性⑤。这些研究不仅说明赋予妇女地权的重要意义,而且所采取的实证分析方法值得我们在研究中国农村妇女土地问题时加以借鉴。

二、国内研究

农村土地问题一直是国内学者研究的热点,但是从社会性别视角研究这一问题的文献相对较少。随着中国农村城镇化、现代化进程的不断加快,各种土地矛盾纠纷频繁发生,其中包含对妇女这一弱势群体的权益侵害,因此一些学者也开始关注农村土地承包和调整、征地补

---

① Bina Agarwal, "'Bargaining' and gender relations within and beyond the household," *Feminist Economics* 3, No. 1 (1997): 1-51.

② Nitya Rao, "Land rights, gender equality and household food security: Exploring the conceptual links in the case of India," *Food Policy*, No. 31 (2006): 180-193.

③ Aili M. Tripp, "Women's movements, customary law, and land rights in Africa: the case of Uganda," *African studies quarterly*, http://www.africa.ufl.edu/asq/v7/v7i4a1.htm.

④ Keera Allendorf, "Do women's land rights promote empowerment and child health in Nepal?" *World Development* 35, No. 11 (2007): 1975-1988.

⑤ Gershon Feder and Akihiko Nishio, "The benefits of land registration and titling: Economic and social perspectives," *Land Use Policy*, No. 15 (1998): 25-43.

偿、宅基地分配、集体经济收益分配等过程中的妇女权益保护问题,近几年全国各省市农村土地确权登记颁证工作的日益推进使妇女权益问题再次引起社会广泛关注。在学术界,有的学者从法学角度探讨了现行法律制定、执行过程中的内在缺陷,有的从社会学角度分析了农村离婚妇女土地权益流失的特征、类型、成因等,不少学者通过自身的实地调查来研究农村女性土地权利现象,探讨妇女土地权益流失的根本成因,还有些学者专门就外嫁女、离异妇女等特定妇女群体的土地权益问题进行了深入研究。纵观近年来国内的农村妇女土地权益问题研究,主要包括以下内容[①]:

1. 农村妇女土地权益问题的实地调研

为了真实而深入地掌握和研究妇女土地权益问题,学者们纷纷进行了深入的实地调研,提出了各自的见解。这些调研主要可分为宏观、中观和微观三个层次。

宏观层次,主要是在全国范围内开展的调研。1999 年各个省(市)妇联在全国妇联的统一要求下,普遍开展了农村第二轮土地承包工作中妇女权益被侵害情况的调查,基本掌握了妇女在土地承包中的权益状况、问题及成因等。2008 年全国妇联权益部又在湖南、陕西、广东、江苏、浙江 5 省 10 个县 10 个村的 3000 个农户家庭开展了"农村失地妇女土地及相关权益状况调查",调查结果显示现行法律对农村妇女土地权益保障不足、妇女土地及相关权益保障水平低于男性、妇女因婚嫁比男性更容易失去土地等[②]。一些学者也先后开展了全国范围内的实

---

① 张笑寒:《农村妇女土地权益问题研究述评》,《经济论坛》2009 年第 17 期。

② 韩湘景主编《2009—2010 年:中国女性生活状况报告(No. 4)》,社会科学文献出版社,2010,第 89 - 101 页。

地调研,张林秀和刘承芳为了掌握农村土地调整中的性别平等问题,
2000 年年底对全国 6 省 1199 个农村住户进行了问卷调查,2003 年又
进行了 6 省 2459 个村庄的实地调查,并且提出要提高公众,特别是妇
女和乡村干部对保障妇女土地权益重要性的认识①;王景新等在
2001—2002 年期间先后对四川、黑龙江、陕西、甘肃、青海等 12 个省进
行了妇女土地权益状况的实地调研②;林志斌通过对全国 15 个省 22 个
村的快速实证调查,发现妇女土地权利的性别不平等不仅反映在妇女
对土地的获得上,而且还反映在妇女获得土地的数量和质量上③;北京
大学妇女法律研究与服务中心从 2004 年 10 月至 2005 年 11 月,分别
对云南的昆明、大理、丽江,浙江的杭州,河北的秦皇岛、廊坊等地的村
规民约侵害妇女土地权益状况进行了调查④。这些宏观层次上的妇女
土地权益调研涉及面广,为研究提供了丰富而翔实的数据资料。

中观层次,主要是在省(市)辖区范围内的调研。早在 1996 年,朱
玲就对山西省农户进行了抽样调查,分析农户农地分配状况及地权保
障性别不平等的主要原因,并探讨了地权不安全对妇女社会经济地位
所产生的不利影响⑤。刘克春和林坚对江西省 7 个县 20 个自然村中已
婚妇女失地对农地流转产生的影响进行了调查,得出"已婚妇女失地在

---

① 张林秀、刘承芳:《从性别视角看中国农村土地调整中的公平问题——对全国 1199 个农
户和 2459 个村的实证调查》,《现代经济探讨》2005 年第 10 期。

② 王景新:《现代化进程中的农地制度及其利益格局重构》,中国经济出版社,2005,第 41 -
52 页。

③ 林志斌:《论农村土地制度运行中的性别问题——来自全国 22 个村的快速实证调查》,
《中国农村观察》2001 年第 4 期。

④ 郭建梅、李莹:《农村妇女土地权益问题及法律保护的探索与思考》,http:www. woman-
legalaid. org. cn/,访问日期:2006 年 12 月 7 日。

⑤ 朱玲:《农地分配中的性别平等问题》,《经济研究》2000 年第 9 期。

一定程度上促使以农业为主要收入来源的失地农户租入更多农地,但对农户租出农地影响较小"的结论①。二十世纪九十年代末土地二轮承包以后,许多省市的妇联、农委等政府部门先后组织开展了本辖区范围内农村妇女土地承包权落实情况的专题调研。

微观层次,主要是基于具体村镇的调研。如马彦丽等对初次实行承包后从未进行过土地调整的石家庄4个村庄的调查发现,对自己经济状况的考虑是促使已婚妇女回娘家要地的主要影响因素,同时土地承包权流转市场不发达也阻碍了已婚妇女维护自己的土地承包权利②;施国庆和吴小芳通过对浙江省温州平阳县3个行政村的问卷调查与半结构式访谈,指出两性之间的不平等使得女性群体在土地政策制定、实施过程中容易遭受不公平,且农村土地的实际保障能力在虚化,这些因素都大大弱化了土地保障对于妇女的效用③;徐旭初和韩玉洁以山东省×镇为例,从权利认知、权利情感、权利主张、权利要求以及权利行为倾向五个方面分析了农村妇女权利意识的现状,发现农村妇女的权利意识已经觉醒且处于一定水平,但也存在很多问题④;王晓莉等通过调查湖北省洪湖市中心的白村土地股份合作改革运行及"农嫁女"维权行动,指出传统农村社会中"父系为中心"的资源分配规则剥夺

---

① 刘克春、林坚:《农村已婚妇女失地与农地流转——基于江西省农户调查的实证研究》,《中国农村经济》2005年第9期。

② 马彦丽、林坚、杨云:《〈农村土地承包法〉与已婚农村妇女土地承包权的保障——基于石家庄地区妇女回娘家索要承包地案例的实证分析》,《中国农业大学学报(社会科学版)》2006年第1期。

③ 施国庆、吴小芳:《社会性别视角下的农村妇女土地保障状况——基于温州三个村的调查研究》,《浙江学刊》2008年第6期。

④ 徐旭初、韩玉洁:《农村妇女权利意识现状及其影响因素——基于山东省×镇的实地调查》,《农林经济管理学报》2017年第3期。

了"农嫁女"群体的合法权益,应当尽快明确农村集体经济组织"成员资格认定"的法规标准,保护妇女土地权利和成员资格的独立性①。总之,对具体村庄的实地访谈有助于及时发现问题,真实地掌握妇女土地权益及其被侵害状况,这也是目前学者们在研究"三农"问题时运用得越来越多的一种研究方法。

2. 农村妇女土地权益问题的现状

各种调查结果显示,我国很多地方的妇女土地权利现状不容乐观。王景新指出,妇女土地权利集中表现为法律平等而事实不平等,起点公平而过程不公平②。对于妇女土地权益起点上的公平,也有学者持不同观点,匡敦校认为在发包土地时男女承包条件就不平等,有些地方(如黑龙江省)在第一轮土地承包中实行"两田制"或"多田制",按人劳比例分配耕地,造成妇女与男子在土地权利方面存在差别③。总之,农村妇女土地权益问题已日益显性化和普遍化,保护妇女土地权益至关紧要。

农村妇女土地权益问题发生在许多方面。全国妇联妇女研究所的研究表明,承包责任田分配和调整、土地入股分红、征用土地补偿、宅基地分配是妇女合法权益最易受到侵害的 4 个方面,适龄未嫁女、"农嫁非"出嫁女、离异妇女、丧偶妇女等 4 种处于不同婚姻状况的农村妇女则是最容易遭到权益侵犯的弱势群体④。2003 年在海南举办的"中国

---

① 王晓莉、张潮、李慧英:《论股份合作改革中"性别化"的土地权利——基于女性主义视角的研究个案》,《中国农业大学学报(社会科学版)》2014 年第 6 期。

② 王景新:《中国农村妇女土地权利——意义、现状、趋势》,《中国农村经济》2003 年第 6 期。

③ 匡敦校:《侵害农村妇女土地承包权的行为类型及原因分析》,《农业考古》2006 年第 6 期。

④ 全国妇联权益部主编《维护农村妇女土地权益报告》,社会科学文献出版社,2013,第 182-186 页。

农村妇女土地权益保护暨农村改革新突破国际研讨会"上,多数学者也认为妇女土地权益流失主要在婚丧嫁娶过程,在征地后补偿分配环节,而且这种状况在短期内还很难改善,有继续扩大趋势。现实中,与男性农民相比,农村妇女的土地权利更加残缺,具有权利关系模糊性、取得依附性、权能有限性、权利不稳定和形式复杂性的特点①。

近年来各省市开展的农村土地确权登记中暴露出的妇女权益问题也受到了社会各界的重视。借助于农村土地确权登记颁证这一契机,2012年全国妇联选定辽宁省清原县作为农村妇女土地承包确权登记工作试点地区,2014年福建省妇联开始实施"土地登记中的农村妇女土地权益保护"项目,主动参与到农村土地承包经营权登记试点工作中,从源头上预防妇女土地权益遭受侵害,2015年3月起实施的不动产登记制度也为维护农村妇女的房屋与宅基地合法权益提供了新的制度保障。这些举措均表明各级政府对妇女土地问题的高度重视,也彰显出探讨和解决妇女土地权益问题已是一项亟待研究的重要课题。

为了更加深刻地揭示实践的诸多问题,一些学者专门就其中某一类妇女群体的土地权益问题进行了深入剖析。张庆东、陈向波针对农村"外嫁女"被侵害的权益类型及其成因作了分析,指出"外嫁女"受司法保护应具备的基本条件,以及在处理"外嫁女"权益纠纷案件时应遵循的基本原则等②;熊小红等从社会学的视角指出我国农村离婚妇女土地权益流失的原因主要在于土地资源的稀缺性、农村离婚妇女的自身素质、村干部的行政意识、国家政策法律的漏洞、村规民约的威力以

---

① 支晓娟、吕萍:《我国农村妇女土地权利的制度考察》,《兰州学刊》2010年第6期。
② 张庆东、陈向波:《农村"外嫁女"权益纠纷若干法律问题研究》,《福建法学》2006年第2期。

及社会历史观念等①;周应江具体论证了因婚姻而流动的农村妇女实现土地权益面临的两个法律难题,即妇女的农村集体经济组织成员身份的界定和侵害妇女土地权益的村规民约、村民会议决议的调适②;覃娜娜以湖南省湘西土家族苗族自治州某县玉村为例,分析了与丈夫共同永久地居住在娘家村庄的"赖娘家"妇女既享受不到土地分配,又无法继承娘家土地的现实状况,因而缺乏物质基础的赖娘家现象注定是短暂的③;田传浩和周佳利用浙江嵊州 264 个农户家庭的数据对中国农地制度和农地市场中的妇女土地权益状况进行了实证研究,指出女性更容易在婚嫁过程中失去土地,离婚和丧偶妇女的家庭更有可能在集体土地分配中处于不利地位,也更难通过土地租赁市场获得土地使用权,因此,这些家庭经营的农地面积显著低于其他家庭④。我国幅员辽阔,各地农村地域条件差异很大,面临的妇女土地权益问题也十分复杂,只有把理论研究与农村实地调研相结合,细致剖析具体问题,才能防止学术研究中的泛泛而谈,有效解决实际问题。

3. 农村妇女土地权益遭受侵害的成因

现行的中国法律实际上已经赋予了妇女与男子平等的经济、政治权利。《中华人民共和国婚姻法》规定夫妇双方享有平等的财产权利,《中华人民共和国妇女权益保障法》、《中华人民共和国农村土地承包

---

① 熊小红、邓小伟、张建成:《农村离婚妇女土地权益流失原因的社会学思考》,《农业考古》2006 年第 6 期。

② 周应江:《界定身份与调适民间法——因婚姻而流动的农村妇女实现土地权益面临的两个法律难题》,《中华女子学院学报》2005 年第 4 期。

③ 覃娜娜:《从社会性别视角反思当代妇女的土地权益问题——以玉村的赖娘家现象为例》,《思想战线》2009 年第 2 期。

④ 田传浩、周佳:《农地制度、农地市场与妇女土地使用权》,《中国农村观察》2008 年第 5 期。

法》和《中华人民共和国物权法》等均对农村妇女土地权利作了具体规定。可以说,妇女土地权利在法律上与男子是完全平等的。但究竟是什么原因造成妇女土地权益易被侵害? 这是目前学术界讨论的一大热点,主要包括以下几大成因:

一是国家法律法规的制度缺陷和漏洞。不少学者认同现行法律政策及相关条文的不完善是造成农村妇女土地权益屡被侵害的一大主因。现行农村土地承包法等法律政策从表面看是中性的,不含歧视妇女权利的条款,但是缺少社会性别视角,在实施中难以制约村社和家庭中的男性霸权,实际上把土地的分配和再分配权给了男性,使法律规定在实施过程中给妇女带来不利[1][2]。所以,尽管中国的现行法律规定了男女拥有使用土地等生产性资源的平等权利以及平等的遗产继承权,但农村女性行使这些权利的难度实际上要高于农村男性或城市女性[3]。

现行法律条文过于笼统,在具体细节上存在冲突或漏洞,可操作性差,实践中容易造成政策执行的扭曲和变形。全国妇联前副主席莫文秀指出,现行农村集体经济组织成员身份的界定缺乏明确的标准和程序也是妇女土地权益受侵害的一大成因[4];钱文荣和毛迎春认为,相关法律对农户承包权30年不变的规定与我国农村"从夫居"习俗的冲突,

---

① 董江爱:《农村妇女土地权益及其保障》,《华中师范大学学报(人文社会科学版)》2006年第1期。

② 王歌雅:《性别排挤与农村女性土地承包权益的救济》,《求是学刊》2010年第3期。

③ 杜洁、娜芝琳·康季:《社会性别平等与消除贫困在中国:发展政策与实践相关问题》,2003年8月,http://www.ngocn.org。

④ 莫文秀:《关于修改妇女权益保障法实施办法的思考》,《中华女子学院学报》2006年第4期。

以及土地政策的不稳定、不统一,影响了妇女土地承包权的连续性,致使妇女土地权利流失现象严重[①];商春荣和张岳恒认为,现行法律对已迁居婆家村的出嫁女保留娘家村承包地的规定,既忽视了其实施耕作的高昂成本,也缺乏社会认知,从而削弱了法律保障力度[②];贾志生和胡德华从基层法律工作者的角度指出农村离婚妇女土地承包经营权案件的执行困境在于土地实体立法欠缺、执行程序立法欠缺、村规民约价值失衡、土地监管与分割措施不健全等[③]。

现行土地家庭联产承包责任制规定,土地承包主要采取农村集体经济组织内部的家庭承包方式,这也是造成妇女土地权益容易受损的一个制度性成因。朱玲认为村社的土地实际上是在农户之间而不是个人之间分配的,没有界定作为自然人的个人权利,也就没有涉及妇女这个特定群体的权利。当妇女因婚姻关系而迁居别村,便将失去其对迁出村的土地使用权,若要从迁入村获得农地,只能依赖于她们所属的村社在农户之间重新调整土地,而一旦错过土地调整的机会,婚嫁迁入妇女及其子女便将面临无地的境况[④]。

二是村规民约的影响。郭正林认为,妇女土地权利得不到落实或受到侵害的根源不是我国的法律制度和政策,而是农村社会仍然发挥

① 钱文荣、毛迎春:《中国农村妇女土地权利问题的实证研究》,《浙江大学学报(人文社会科学版)》2005年第9期。

② 商春荣、张岳恒:《当前我国农村妇女土地权利保障机制研究》,《华中农业大学学报(社会科学版)》2010年第2期。

③ 贾志生,胡德华:《农村离婚妇女土地承包经营权案件的执行困境及进路探索》,《法律适用》2011年第5期。

④ 朱玲:《农地分配中的性别平等问题》,《经济研究》2000年第9期。

作用的村规民约和传统婚嫁文化①。的确,在法律赋予的村民自治前提下,不少农村基层往往以所谓的村规民约等民间不成文规则为依据来决定某些事项,法律被忽视。许多村社强调集体资产(包含土地)的村组所有,因而对集体资产的分配处置只需经村民集体讨论、多数人同意便可执行,这就为多数人剥夺少数人的合法权益留下了空间。所以,妇女土地权利受到侵犯,一般不是个人行为所致,而是村社干部利用村规民约对妇女土地权利"有组织"的侵犯。

三是传统思想、婚嫁观念的存在。我国长期以来父权社会结构强加给妇女的依附性性别角色定位,"从夫居"的婚姻习俗等,无时无刻不在减弱成文制度的作用②。尽管现代社会提倡男女平等,但农村中传统的宗法制度、婚嫁观念等根深蒂固,短时期内难以根本消除,因而在这样的思想观念影响下,妇女土地权益必然受到侵害。不过,学者廖洪乐对此提出了不同的看法,他认为在农地集体所有家庭承包经营条件下,妇女土地承包权受侵害的根源不在于传统的"男娶进、女嫁出"习俗,不在于农村土地承包制度本身,也不在于乡村干部为自己谋私利的天性,而在于婚姻半径内的村组实行不同的土地承包办法③。

四是妇女自身的因素。除了上述法律政策、村规民约、传统观念等外部因素外,农村妇女自身的不足也是其权益受到侵害的一个成因。目前我国大多数农村妇女的受教育程度和文化知识水平偏低,对其自

① 郭正林:《农村妇女的土地权利与制度保障》,《宁波党校学报》2004年第1期。
② 王景新、支晓娟:《农村妇女土地权利事关"三农"发展大局》,《中国改革(农村版)》2003年第3期。
③ 廖洪乐:《农村土地承包及集体经济收益分配中的性别视角——以陕西省西安市为例》,载乡镇论坛杂志社编《农民土地权益与农村基层民主建设研究》,中国社会出版社,2007,第13-24页。

身权益的认识不足,维权意识相对薄弱,因而在合法权益受到侵害后难以及时通过有效途径获得解决①。

妇女土地权益问题的成因是多方面的,而包括妇女自身在内的广大公众对这种侵权行为的默认也导致这类问题长期难以消除,我们应当关注提高全社会的性别意识和妇女对土地权益的认知水平,帮助妇女增强其自身的维权能力。

4.维护农村妇女土地权益的具体对策

农村妇女土地权益流失带来了一系列社会和经济问题,宋月萍等利用第三期中国妇女社会地位调查数据进行研究后发现,婚嫁失地使农村已婚妇女遭受来自丈夫的家庭暴力的风险显著增加,因此增强农村妇女的经济赋权能够有效降低其遭受家庭暴力的风险②。为了防止农村妇女土地权益受到侵害,维护她们的各项平等权利,学者们纷纷从增强性别意识、完善法律法规、审查村规民约以及提供司法救济等方面提出了各自的对策建议。

第一,提高立法者、执法者的性别意识。为了实现土地权益的性别平等,法律和政策的制定必须具有性别视角,或者吸收乡村基层妇女参与决策制定过程。在法律和政策设计时应具有性别敏感性,而在执行法律时,应充分考虑到任何决策和行动都会对不同性别的人有不同的影响③。

---

① 刘保平、万兰茹:《河北省农村妇女土地权益保护状况研究》,《妇女研究论丛》2007年第6期。

② 宋月萍、谭琳、陶椰:《婚嫁失地会加剧农村妇女遭受家庭暴力的风险吗? ——对中国农村地区的考察》,《妇女研究论丛》2014年第1期。

③ 袁敏殊、韩志才:《安徽省农村妇女土地权益现状研究》,《安徽农业大学学报(社会科学版)》2007年第4期。

　　第二,完善相关法律法规及其条文。多数学者认为应当尽快修改和完善现行法律法规,并细化法律实施细则,增强实践中的可操作性。陈小君提出应当整合梳理相关政策法律规范,有效化解政策法律间的冲突,正视立法的逻辑漏洞,尽快弥补漏洞和完善法律,为妇女土地权益提供科学合理的制度保障[①];胡能灿提出建立宅基地权证共有人登记制度,有利于动态维护农村妇女宅基地应有权益,当夫妻离婚涉及分割宅基地变更登记的,妇女可依法申请宅基地使用权变更登记[②];李莹通过总结印度、老挝、玻利维亚等国家的土地确权登记经验和教训,指出如果要切实减少贫困和饥饿,就必须确保女性与男性同样有稳定的正式登记的土地权利[③];刘雪梅提出应该对村民委员会组织法进行修改,对集体经济组织成员资格的认定、经济权利和义务等进行补充,在制定农村土地承包法司法解释中,增加土地承包经营权的取得、变更、消灭的条件,以及家庭成员之间行使、变更、转让土地承包经营权的法律限制,明确妇女享有土地权益的合法依据[④];高飞认为妇女土地权益未受到充分保护的根源在于集体土地所有权主体制度的缺陷,因而应当针对集体土地所有权主体制度的不足进行股份合作社改造,这是解决妇女土地权益保护问题的重要途径[⑤]。但是,尽管股份合作制有利

　　①　陈小君:《我国妇女农地权利法律制度运作的实证研究与完善路径》,《现代法学》2010年第3期。
　　②　胡能灿:《农村土地确权颁证中的妇女权益维护》,《中国土地》2014年第3期。
　　③　李莹:《土地确权登记中妇女权益保障的国际经验和启示》,《中华女子学院学报》2013年第12期。
　　④　刘雪梅:《农村妇女土地权益保护问题研究》,《广西政法管理干部学院学报》2004年第4期。
　　⑤　高飞:《农村妇女土地权益保护的困境与对策探析》,《中国土地科学》2009年第10期。

于克服产权模糊的缺陷,保护产权主体的合法权益,实际上在开展股份合作制的不少地方,仍然存在妇女土地权益被侵害的现象。如姜美善和商春荣指出股份合作制产权制度仍然承袭了集体成员共有土地产权的特征和以集体成员身份为依据的分配规则,不能从根本上改变妇女被排斥的可能,出嫁女及离婚妇女权益难以得到保障①。可见,学者们仁者见仁,观点各异。

第三,对村规民约加以审查。不少学者提出应当建立"村规民约"审查制度,对村规民约中侵害妇女合法财产权利的条款予以清除,坚决废除与法律相抵触的村规民约,排除落后习惯法对实现男女平等的影响。政府应当介入并废止侵害妇女权益的村规民约,同时要贯彻能动司法精神,在审判实务中引入社会性别视角,对以"村规民约"有规定为由公然歧视妇女的行为和侵害妇女土地权益的现象应予以纠正②③。土地发包方如果拒不纠正其性别歧视的行为或采取与国家法律相抵触的村规民约,要追究其法律责任④。周应江指出应该明确认定妇女集体经济组织成员身份的依据和途径,规定地方政府和法院应承担起调整侵害、剥夺妇女土地权益的村规民约、村民会议决议的职责⑤。

第四,多渠道维护被侵权妇女的土地权益。对于土地权益已经受

---

① 姜美善、商春荣:《农村股份合作制发展中的妇女土地权益》,《农村经济》2009 年第 6 期。

② 许莉:《社会性别视角下的农村妇女土地承包权保护》,《海峡法学》2010 年第 3 期。

③ 张芳芳:《论村规民约对农村妇女土地权利的侵害及原因》,《改革与开放》2011 年第 12 期。

④ 施国庆、吴小芳:《社会性别视角下的农村妇女土地保障状况——基于温州三个村的调查研究》,《浙江学刊》2008 年第 6 期。

⑤ 周应江:《界定身份与调适民间法——因婚姻而流动的农村妇女实现土地权益面临的两个法律难题》,《中华女子学院学报》2005 年第 4 期。

到侵害的妇女,应通过行政手段和司法救济等多种途径为她们提供一个合法的解决问题渠道。董江爱针对政策执行不力问题提出了具体的建议,呼吁要为维护农村妇女土地权益提供行政和司法救济①;郭建梅和李莹提出应当运用公益诉讼的一些策略和方法来推动对农村妇女土地权益的保护②;隋悦认为法律并非解决妇女土地问题最好的途径,领导的重视、财政的支持是最直接、最有力的途径,一些妇女土地权益纠纷解决得好的地方多是当地政府很重视,通过财政拨款解决了问题③;王歌雅认为女性土地承包权益的法律救济,既包括程序法救济,也包括实体法救济和伦理观之救济等,当民俗生活中依然残留着男尊女卑的恶习时,仅靠法律观念的更新则是远远不够的④。农村妇女土地权益问题在中国已非一日之寒,如何从根本上维护妇女土地权益更是一项长期而系统性的工程,需要以科学的理论为指导,从法律、经济、社会、行政等多种途径探索建立妇女土地权益的有效保障机制。

三、简要的评述和展望

纵观以上研究成果,可见国内外学者对农村妇女土地权益问题已经进行了大量的研究,其研究成果为实践中维护妇女土地权益提供了有益的参考。但是,研究中也存在一些薄弱之处,需要在今后的研究中加以改进。

一是缺乏历史的、动态的辩证观。一些研究对妇女土地权益的现

---

① 董江爱:《农村妇女土地权益及其保障》,《华中师范大学学报(人文社会科学版)》2006 年第 1 期。

② 郭建梅、李莹:《农村妇女土地权益问题及法律保护的探索与思考》,http:www. woman-legalaid. org. cn/,2006 年 12 月 7 日。

③ 隋悦:《农村妇女土地权益法律保障问题探究》,《行政与法》2008 年第 9 期。

④ 王歌雅:《性别排挤与农村女性土地承包权益的救济》,《求是学刊》2010 年第 3 期。

状、历史及逻辑关系认识不深,静止、孤立地分析现实中的妇女土地权益问题,或者对实践中的妇女土地权益新问题、新特征把握不足,使问题迟迟难以得到有效解决。我们应当坚持动态的、发展的辩证观来研究妇女土地权益及其保护。

二是研究视角单一,缺乏多维视角的观察。妇女土地权益是一个有机的整体,涉及法律、社会、经济、宗教等若干要素,妇女土地权益流失也取决于各种主客观因素,对这些问题的研究应当在系统的理论体系基础上进行多维度、多层次的分析挖掘。

三是田野调查与实地调研仍然不足。要真实地了解各地区农村妇女土地权益的真实状况和问题,研究者就必须深入农村进行实地调研,以掌握宝贵的第一手资料和素材。但现有的研究因受一些条件限制,缺少对妇女土地权益足够的田野调查和实证分析,所用数据多是第二手的,从而影响到研究成果的质量和说服力。

四是研究方法与手段的单一性。研究文献往往表面的直观性描述多,作者缺少相关基础理论的研究和定量方法上的训练,尤其是运用精确的现代数理统计方法展开分析的很少,提出的研究结论未免有失科学性和实践适用性。

保护农村妇女土地权益是一项长期性工程,还有许多问题值得今后进一步探讨。第一,现实中妇女土地权益屡遭侵害,我们应当反思现行妇女土地权益保护制度在实际运作中的偏差,探究法律与现实间的差距及其深层根源,找出法律与现实对接的有效办法。否则,即使法律政策再完善,妇女土地权益仍然得不到真正的维护。第二,尽管有一些学者指出农村妇女的认知水平低下和参政意识淡薄是造成其土地权益流失的一大原因,但缺乏客观的实际数据验证,缺乏一定的说服力。第三,未来的研究还应更多地关注土地权益流失妇女的维权和救济问题,对其土地维权行为进行剖析,探讨妇女正当维权和救济的根本出路。

第三节　研究内容

本书以江苏、湖北、四川三省为例,系统阐述农村妇女土地权益流失的现状特征及其影响后果,从多维视角揭示权益流失之深层根源。同时,深入论证妇女土地维权现状及其面临的现实制约,在此基础上进一步提出维护农村妇女土地权益的若干政策建议。

研究内容包括:

1. 农业女性化与维护妇女土地权益的重要意义

目前中国的农业女性化现象越来越普遍,这不仅限制了农村妇女自身的发展,不利于妇女地位的提高和改善,而且造成妇女对土地的依赖性增强。维护妇女土地权益不仅有利于减少农业女性化带来的不利影响,缓解女性贫困化趋势,而且是构建和谐社会、实现男女两性平等的重要前提和保障。

2. 妇女土地权利法律制度的历史演进

世界大多数国家和地区都制定了一系列法律政策,以保障妇女的土地权益,促进男女平等。在系统回顾中国妇女土地权利制度历史演进过程的基础上,对现行妇女土地权利制度进行总体评价。

3. 妇女土地权益流失状况及其影响后果

在农村城镇化进程中,妇女土地权益流失问题日益普遍,并正呈现出新的特征动向。农村出嫁女、离异和丧偶妇女、招赘妇女、未婚妇女等处于不同婚姻状态下的妇女土地权益常常遭受侵害。为此,本书通过实地问卷调查和权益流失妇女的个案访谈,详细阐述妇女面临的土地权益流失的现状特征,揭示权益流失对于妇女及其家庭与社会的影响和后果。

4. 妇女土地权益流失的具体表现

农村土地承包权分配、征地补偿款分配、集体经济收益分配以及宅基地分配等各个环节,正是当前中国农地制度变革与创新的最主要领域,土地的经济价值及资产收益日趋凸现,由此引发的各种利益冲突和纠纷越来越多,妇女土地权益最易流失。

5. 农村妇女土地权益流失问题的多维考察

一方面,妇女土地权益流失与土地资源稀缺程度、农地法律制度、集体经济组织成员权、村民自治及乡规民约等因素之间具有不同程度的相互作用关系,因而需要分别对它们两两之间的作用机理、影响状况及程度等加以具体解析。另一方面,农村妇女对土地权益的认知、妇女的参政意识是影响其权益流失的内在重要因素,究竟它们之间存在怎样的影响? 这一问题值得深思。

6. 妇女土地维权与现实制约

客观评价妇女土地维权意识及现状,阐述妇女土地维权的方式和权利救济途径,从妇女自身及外部角度重点论证妇女土地维权所面临的现实制约。

7. 主要结论与政策建议

简要总结全文的研究结论,进而提出相应的具体政策建议。

第四节 研究方法和数据来源

一、研究方法

本书试图系统地研究农村妇女土地权益流失的根源及其权益保障等问题,在方法上以规范分析与实证分析、案例研究相结合为主要特色。研究方法包括:

1. 文献研究方法

与妇女土地权益相关的国家法律与政策文件、国内外研究文献成果等,是本书分析的基础。在研究中笔者以大量的相关文献资料和数据为依据,通过理论推导与逻辑分析,系统诠释我国农村妇女土地权益问题的本质和根源所在,探寻维护妇女土地权益的根本出路和对策。

2. 规范分析与实证分析相结合

对我国农村妇女土地权益流失及其相关问题的研究,运用规范分析的方法对妇女土地权利法律制度与现状问题进行客观评价。同时,选择江苏、湖北、四川 3 省的 8 个县(市、区)开展实地调研,通过妇女抽样问卷调查和对权益受侵害妇女的深入访谈,获取了宝贵的一手资料和数据,为理论研究提供了有力的实践依据。

3. 个案访谈方法

本书重点要研究的土地权益受侵害妇女是一个边界较为模糊的特殊群体,一方面,我们在当地村(社)或乡镇(街道)等微观层面上难以获得这类妇女的准确统计数据,另一方面,这些妇女在权益受侵害后往往发生迁徙流动或至异地打工谋生,使我们对其实施大样本量的问卷调查计划很难实施。为此,研究中我们只有尽可能多地采取个案访谈方法。在社会调查和分析中个案访谈是具体地剖析典型、挖掘深层次材料的有效方法之一。为了充分发挥个案访谈法的作用,笔者按照这一方法的要求事先准备好了一份半结构式的访谈提纲,对土地权益受侵害的妇女进行了多次重复采访,或者有时对同一访谈对象就同一问题的看法从不同角度发问,通过这些访谈所获取的材料是本书分析的重要依据。

二、数据来源

本书使用的数据主要基于 2010 年 7—8 月开展的农村实地调查资料。调查利用暑假组织了部分在校大学生对江苏、湖北、四川 3 省 8 个县(市、区)进行了妇女问卷调查和访谈(表 1-1)。调查采取随机抽样、入户访谈的方式,每个县(市、区)各选择 35 名普通妇女①,一共发放调查问卷 280 份,最后回收问卷 280 份,问卷有效率达到 100%。另外,调查还收集了这些县(市、区)近三年内发生的 57 件妇女土地权益受侵害的代表性案例(含已经得到解决和正在发生的),并对其中的 24 名妇女进行了深度访谈,详细询问了这些妇女的土地权益受侵害状况,了解其最真实的想法,也使我们更加深刻地感受到维护妇女土地权益的重要性和迫切性。

---

① 每个县区的 35 名妇女不限于在同一村庄,有的甚至涉及该县区内的 4~5 个村庄。一则因为收集被访谈的权益受侵害妇女难度较大,故问卷在找到这些妇女的前提下再在其周边村庄进行发放;二则扩大妇女调查范围也使结果更客观实际些。

表 1-1　妇女土地权益问卷调查样本分布情况

省别	县（市、区）别	妇女问卷（份）	近三年权益受侵害代表性案例（件）	访谈妇女人数（人）
江苏省	无锡江阴市、镇江句容市、南通港闸区、淮阴楚州区	140	30	13
湖北省	孝感市开发区、鄂州市黄冈区	70	15	6
四川省	绵阳三台县、泸州市江阳区	70	12	5
	合计	280	57	24

第二章　农业女性化与维护妇女土地权益的重要意义

第一节　农业女性化现象及其成因

随着我国改革开放和国民经济的快速发展,大量的农村剩余劳动力不断从农村流向城镇,从农业流向非农产业。农村剩余劳动力的大量转移不仅拓宽了农民就业渠道,增加了农民收入,而且也导致农村中从事农业生产的劳动者绝对数量的减少,原来的农民群体开始发生新的社会职业分化。在这一转移过程中,率先进入城镇和非农产业的主要是农村男性劳动力,妇女则更多地滞留在农村从事农业生产,成为农业发展的主力军,一些地区逐渐由"男耕女织"变成了"男工女耕",人们将这种现象称为"农业女性化"。从全国人口普查和第二次妇女社会地位调查的数据来看,我国农业的从业人员已经呈现出明显女性化的特征,2000 年全国农村女性从事农业劳动比例高达 82.1%,2005 年从事农业工作的女性占全国女性就业人员的 60.1%[①]。据此,较低的流动性和非农化的滞后性,形成一些地区"男工女耕"的现象,女性在职业分化过程中较多地沉积在"弱质行业"中,农业女性化的现象已成为一个不争的事实[②][③]。随着中国城镇化进程加快以及农业结构调整的力度加大,这一农业女性化特征还有加剧的可能,使中国农业劳动力的性别年龄结构正越来越偏离正常的结构,值得关注[④]。

农业女性化产生的成因是多方面的,既有中国几千年来一直沿袭的"男主外女主内"等传统思想所带来的性别排斥、职业分化与性别分工模式等的深刻影响,也与现行城乡分割的户籍制度安排、农村社会保障制度不完善、城乡就业市场发育迟缓、农村土地流转市场滞后等外部因素有关。此外,农村妇女主体意识薄弱、受教育程度低、自主能力差等内在自身原因也很大程度上制约了妇女非农就业的选择,加速了农业女性化趋势。这种状况如果不引起足够的重视并予以改变的话,那么未来的中国农业和农村很有可能完全成为妇女的了[⑤]。

中国农村日益显化的农业女性化使许多妇女失去走出家门寻找非农就业的机会,这不仅限制了农村妇女自身的发展,拉大了其与男性之

---

① 国家统计局人口与就业统计司、劳动和社会保障规划财务司:《2005 年中国劳动统计年鉴》,中国统计出版社,2006。

② 金一虹:《资源分配与性别权利》,载李慧英主编《社会性别与公共政策》,当代中国出版社,2002,第 105 页。

③ 张林秀、刘承芳、罗思高、艾伦·德·布劳,《女性非农就业与农业女性化》,2009 年 2 月 19 日。据中国科学院农业政策研究中心:http://www.ccap.org.cn。

④ 有学者担心,中国农业劳动力的性别年龄结构已经严重偏离了正常的结构,农业退化为靠化肥维持、由妇女经营的副业甚至靠老人照看的庭院经济。黄平:《未完成的叙说》,四川人民出版社,1997,第 155、184 页。

⑤ 高小贤:《当代中国农村劳动力转移及农业女性化趋势》,《社会学研究》1994 年第 2 期。

间的差距,不利于妇女地位的提高和改善。而且,农业劳动力的投入减少使家庭正常的劳动耕作和管理难以维持,一些农业新技术的推广和普及也受到制约,由此导致农业投入的严重不足,农业生产趋于粗放,许多农地出现"撂荒"。与此同时,农村青壮男性劳动力尤其是"种田能手"不断外出涌向城镇"打工",农村消费能力下降,农村商业难以发展,加重了农村经济的"空壳化"现象。

此外,农业女性化一定程度上也阻碍了农村土地流转市场的发育和农业规模化经营。在不少村庄里,普遍存在着家庭一部分成员(主要为男性)外出务工而另一部分(主要为女性)留守下来务农的现象,当家庭中仍然有劳动力从事农业生产,那么作为最主要生产要素的土地发生流转的空间就很小①。目前,我国农村劳动力的转移大多数是以个人而非以整个家庭为单位的转移,转移的程度不够彻底,家庭中转移出去的主要是男性劳动力,妇女大多数仍被束缚在繁杂的家务与农业生产之中。在这种情况下,农业土地的流转需求和供给两方面均面临不足,流转行为自然很难发生,更难以把闲置的农地集中起来开展规模化经营。

第二节　农业女性化造成妇女对土地的依赖性增强

中国传统意识上的家庭角色分工,以及妇女在职业选择中的内外

---

① 狄金华:《土地流转中女性权益的社会学研究——对米村和石村的调查与研究》,硕士学位论文,华中农业大学,2006。

环境因素制约使农业女性化现象将长期存在,一时难以消除。对于这些从事农业生产经营活动的农村妇女而言,土地是其唯一的就业空间,是最基本的生产和生活资料,妇女对土地的依赖性也因农业女性化而趋于增强,尤其是在我国中西部地区,妇女与土地的联系更加紧密,对土地的依赖性也更大。具体表现在以下三方面[①]:

1. 土地成为农村妇女财产性收入的主要来源

财产性是当前中国农村土地所具有的一项重要特征,它是指土地能为权利人带来财产性收益,如经营承包地收益、流转承包地收益、征收补偿费用分配收入等。在农业女性化现象较为突出的农村,来自土地的收益要占据妇女及其家庭全部年总收入的相当大比重,因此对于妇女而言土地的财产性特征表现得更为明显。根据学者杜江涌的调查,在4920位被调查的妇女中,以农业收入为主要收入来源的有3550人,占被调查者的72%。在小农经济条件下,土地不仅担负着为农民提供口粮消费的功能,而且还是农民获取财产性收入的主要来源,尤其是妇女在缺少其他非农就业机会和收入渠道的情况下,农村土地对她们的意义至关重要[②]。

2. 土地成为农村妇女社会保障的重要依靠

农业女性化现状下,土地不仅是农村妇女最基本的劳动对象和生产资料,而且还是其重要的社会保障(包括养老保障和就业保障)。土地的社会保障功能来源于其自身的产出和提供的就业机会。一方面,土地自身有产出,这是客观存在的,土地可为妇女及其家庭提供丰富的

---

① 张笑寒、洪艳:《农业劳动力女性表征与妇女土地权益保障的思考》,《湖南社会科学》2012年第5期。

② 杜江涌:《从和谐社会构建看农村妇女土地权益的保障》,《农村经济》2008年第3期。

粮食、农产品等,是妇女维持其家庭生存的重要依靠。另一方面,土地可以为农村妇女提供稳定的就业机会和风险保障。对于文化素质偏低、就业选择面狭窄的妇女来说,从事农业生产较外出务工经商的风险要小得多,尤其是在城市经济不稳定、岗位竞争激烈、就业压力大的情况下,拥有一份土地并自己耕种,获取基本的生产生活资料,无疑成了妇女最稳定、可靠的风险保障。当前我国农村社会保障体系尚未健全,土地为妇女所提供的基本生活保障功能不可忽视。

3. 土地成为农村妇女社会与家庭地位的象征

国外的许多研究证明了土地等资产能够增强妇女的权利。Agarwal 曾经指出妇女对财产的拥有和支配能增强她们的经济、社会和心理福祉以及整体权利,在印度一些地区,没有财产的妇女比拥有财产的妇女要缺衣少食、缺乏保护、死亡率高[1]。Panda 的一项研究表明,拥有财产(房产或地产)的妇女受丈夫及其亲戚的精神或人身暴力的概率极低,而没有财产的妇女有 49% 有过遭受人身暴力的经历,有 84% 遭受过精神暴力,因此作者认为,财产占有极大地降低了妇女遭受家庭暴力的概率[2]。在非洲的肯尼亚,Ensminger 和 Knight 指出男方家庭直接给予新娘本人而不是给其家庭的聘礼和对妇女财产继承权的承认提高了妇女的权利和经济地位[3]。这些研究说明,是否拥有土地及其他财产一定程度上反映了妇女家庭和社会地位的高低,妇女拥有财产

---

① Agarwal, "'Bargaining' and gender relations within and beyond the household."

② Pradeep K. Panda, "Rights based strategies in the prevention of domestic violence," working paper, *Center for Development Studies*, accessed August 24, 2004, http://www.cds. edu/download_files/344.pdf.

③ Jean Ensminger and Jack Knight, "Changing social norms: Common property, bridewealth, and clan exogamy," *Current Anthropology* 1, No. 38 (1997): 1-24.

占有权使得她们能够更多地参与经济活动、家庭决策和管理,对于提高妇女在家庭和社会中的经济地位意义十分重大。

现阶段中国大多数农村地区,土地与妇女的集体成员权资格、身份确认等密切相关。一般情况下,土地权益是妇女作为村民享有的第一位的权利,它直接影响到妇女在村庄中是否能够享有各种村民待遇,包括选举权、决策权、宅基地使用权、公共设施使用权、集体经济收益分配权等。无地将导致妇女及其子女在村庄中的成员资格和身份缺失,妇女被排斥在选举、决策、管理之外,无权参与村务事务管理,更没有机会改变对自己不利的村规民约等,从而导致无地永久化、制度化,进一步影响到妇女社会与家庭地位的提高。而且,妇女是否享有土地权益对其子女的相关权益也产生直接影响。一般情况下,只有在母亲的土地权益得到认可的情况下,子女的土地权益才得以认可,如果母亲本人就没有享受到土地权益,其子女的土地权益也很难得到保障。所以,妇女没有土地将使妇女自身及其子女、家庭更易于陷入贫困,使她们在经济上更依赖于男性和家庭,在家庭中的决策权和地位下降。

第三节　维护农村妇女土地权益的重要意义

中国是世界上人口最多的发展中国家,女性约占 13 亿总人口的一半。促进性别平等和妇女全面发展,不仅对中国的发展意义重大,而且对人类的进步有着特殊影响。在农村城镇化、现代化进程中,包括土地在内的农村集体资产及收益分配矛盾日趋尖锐,使得农村妇女这一弱势群体的土地权益易于受到侵犯,而妇女土地权益问题反过来又可能成为制约农村发展和现代化进程的一大障碍。因此,维护妇女土地权益不仅有利于减少农业女性化带来的不利影响,缓解女性贫困化趋势,而且是构建和谐社会、推动男女两性平等进程的重要前提和保障。

1. 维护妇女土地权益是减缓农业女性化的重要途径

农业女性化不仅在中国的农村普遍存在,而且正成为一种世界范围内的普遍现象。根据联合国的可比数据,妇女构成了发展中国家中43%的农业劳动力[①],妇女为发展中国家的农业作出了重大贡献。各国农业女性化产生的原因各异,所造成的影响也不相同,但不管怎样,农业女性化必然使广大妇女对土地的依赖性增强,土地对妇女的束缚加大,其来自非农产业的收入比重减少,并进一步导致妇女的家庭与社会经济地位下降、土地权益流失等问题(图2-1)。赋予农民长期而稳定的土地承包权是中国当前农村改革的一项重要内容,其中也包括赋予每一位妇女独立的土地承包权及相关权益,这是有效缓解农业女性化现象的一个重要途径。一旦这些妇女拥有了合法的土地权益,她们就能够自主行使土地占有、经营、使用、处置等权能,通过出租、转包、入股等方式将承包土地有偿流转出去,其自身便可以脱离土地从事二、三产业活动,增加非农业收入。这些必将有效提高农村妇女的家庭与社会经济地位,降低对土地的依赖程度,减缓农业女性化趋势。

---

① 联合国粮食及农业组织:《2010—2011粮食及农业现状:农业中的女性》,2011,第17页。

图 2－1　农业女性化的影响路径

2. 维护妇女土地权益是消除女性贫困化的有力保障

进入二十一世纪,我国农村中大多数男性劳动力从农业中脱离而转移了出去,而妇女则成为农村的留守大军和农业生产的主力军,在国家和地区的社会经济发展中发挥着越来越重要的作用。妇女进行农业生产离不开土地、资金、技术、信息等各种重要的生产资源,土地资源的获取、使用、收益分配等状况,在很大程度上影响到妇女进行农业活动投入的信心和生产经营的积极性,影响到整个国家和地区农业生产和农村经济的全面发展。国内外的许多文献研究表明,赋予农民可靠而稳定的地权有助于强化、激励农业投资,提高土地产出效率,增加农民家庭总收入。而如果赋予妇女稳定的地权,还将产生比男性更明显的经济绩效。如在布基纳法索,将男人控制的土地生产要素分配给同一家庭内的妇女,能使产出增长 6%[1]。然而也有学者认为,除非采取有效保护妇女土地财产使用权的措施,否则,提高土地权利保障度的一般性努力将导致权利更大程度地向男性集中,并对性别平等和经济绩效产生消极影响[2]。但是实际上,在亚洲、非洲和拉丁美洲的发展中国家,妇女作为主要的农业耕作者,掌握有保障的土地资产将增加她们获得信贷资金的机会和能力,加大土地投资力度,避免农业生产中的自然

---

[1]　Christopher Udry, "Gender, Agricultural Production, and the Theory of the Household," *Journal of Political Economy* 5, No. 104 (1996): 1010 - 1046.

[2]　Susana Lastarria-Cornhiel, "Impact of Privatization on Gender and Property Rights in Africa," *World Development* 8, No. 25 (1997): 1317 - 1333.

风险、市场风险等带来的损失;或者利用资金创办小企业,从事其他非农活动,增加收入。否则,一旦妇女土地权益流失,不仅会对其自身及家庭造成经济上的巨大损失,而且也将影响到地区农业生产发展,加大农业女性化所带来的各种不利影响和压力,加重农村女性贫困化趋势。

3. 维护农村妇女土地权益是构建和谐社会的必然要求

构建和谐社会的目标之一就是要兼顾社会上不同利益群体的合法权益,保障公民的基本人权,但是"没有生存权,其他一切人权均无从谈起"[①]。维护农村妇女土地权益是保障其基本生存权、发展权的一种体现,也将为实现妇女的其他人权创造有利的前提条件。如果妇女土地权益受到侵害,必然导致她们正常的生产生活受阻,面临的经济压力增大,抵御风险能力变弱,有的甚至陷入贫困边缘,从而影响到社会稳定与和谐社会的建立。目前随着广大公民权利意识的觉醒和提高,土地权益受到侵害的妇女上访人数年年都有增加,且这类案子正呈现出复杂化趋势。"目前这类案件不仅表现为被侵权妇女与村民小组、村民委员会及其负责人的矛盾,还表现为村民之间的矛盾"[②]。因为当妇女的土地权益受到侵害时,若处理得不好,往往还会牵涉到同一村组内部其他成员的相关利益,这样就容易导致村民关系变得紧张,影响和谐社会的安定团结。

4. 维护农村妇女土地权益是宪法中男女平等原则的具体体现

中国宪法第三十三条第二款规定:"中华人民共和国公民在法律面前一律平等。"第四十八条第一款进一步规定:"中华人民共和国妇女在

---

① 国务院新闻办公室:《中国的人权状况》,中央文献出版社,1991,第1页。
② 张伟莉、蔡文凤:《农村妇女土地权益司法保护的相关问题》,《辽宁法治研究》2008年第3期。

政治的、经济的、文化的、社会的和家庭的生活等各方面享有同男子平等的权利。"维护农村妇女土地权益,使其享有与男性同等的权利,是对我国宪法有关男女平等原则的具体落实和体现。在社会经济的发展过程中,一切侵犯妇女土地权益的现象,都有背于我国宪法的基本宗旨,背离社会公正的价值理念,应该受到法律的制约。

第三章　妇女土地权利制度的
历史演进

　　国外相关的妇女土地权利制度值得我们分析,中国的现行法律体系不乏对妇女土地权利保护的专门性条文规定,如宪法、婚姻法、妇女权益保障法、农村土地承包法,以及《关于切实维护农村妇女土地承包权益的通知》等。本章将通过对国内外妇女土地权利制度的回顾与考察,深入剖析其历史根源,以期对现行中国妇女土地权利制度及其未来趋势有一个更为准确的理解和把握。

第一节　国外的妇女土地权利制度

　　关于妇女使用、控制土地以及其他自然资源的权利,国际上主要由两个领域的法律决定,一是普通民法(财产、家庭和继承法),二是土地和自然资源法,尤其是土地法,因为其他自然资源的权利很大程度上又取决于土地权利。

　　在国际标准上,关于妇女土地权利的规定被写入了人权法和其他相关性法律文件中。例如,1948 年 12 月联合国大会通过的《世界人权宣言》第七条提出"法律之前人人平等,并有权享受法律的平等保护,不受任何歧视",第十七条提出"人人得有单独的财产所有权以及同他人合有的所有权"。1979 年 12 月《消除对妇女一切形式歧视公约》第十四条提出妇女"在土地改革和土地垦植计划方面享有平等待遇",在家庭关系中,第十六条规定:"配偶双方在财产的所有、取得、经营、管理、享有、处置方面,不论是免费的或是收取价值酬报,具有相同的权利。"

此外,在一些软法律文件(soft law)①中,大多也提出了保护妇女土地及自然资源权利的倡议。1979 年联合国大会上通过了《消除对妇女一切形式歧视公约》,要求缔约各国采取"一切适当措施,包括制定法律,力谋妇女的充分发展和进步"。1992 年联合国环境与发展大会通过的《关于环境与发展的里约热内卢宣言》第二十条原则声明:"妇女在环境管理和发展方面具有重大作用。"并且"因此她们的充分参加对实现持久发展至关重要"。1995 年联合国第四次世界妇女大会通过的《北京行动纲领》提出"各国政府进行立法和行政改革,使妇女有充分和平等机会获得经济资源,包括有继承权和土地和其他财产所有权以及获得信贷、自然资源和适当技术的权利"。基于日益增加的世界人口及消除饥饿和营养不良的迫切性,1996 年 11 月世界粮食首脑会议通过的《行动计划》中提出,为了确保男女平等并赋予妇女权力,各国政府应"促进妇女充分、平等参与经济,并为此采纳和实施考虑到妇女问题的法律,保障妇女平等获得和支配信贷、土地、水等生产资源",并且"在农业、渔业、林业和乡村发展中,改进按性别分类的资料的收集、分发和利

---

① 软法相对于硬法(hard law)而言,指那些不能运用国家强制力保证实施的自律规范。罗豪才、宋功德:《软法亦法:公共治理呼唤软法之治》,法律出版社,2009,第 3 页。

用"。1998年联合国促进和维护人权专门委员会第15次决议声明,关于获得及保护土地中对妇女的歧视构成了对人权法案的一种妨碍,并敦促政府修正或废除带歧视的法律和政策,也鼓励带歧视的习俗以及惯例的改革。

除了上述这些国际性的法律文件以外,世界各国法律对妇女的土地权利也都进行了详细的规范。美国的人权宣言声明每个人都有不基于性别歧视地使用和享有财产的权利(第一条和第二十一条),还有婚姻中的夫妻的"职责的充分的平衡"(第十七条)。许多欧洲国家的民法和专门法中都有关于财产权的规范,且一般都不涉及性别歧视问题,意大利宪法第四十四条规定,立法要对私人土地所有权加以控制和设立适度限制。在东欧国家的土地改革中,妇女也能够购买和出租土地,共享再建国家和集体的农场,不过,实际上妇女获得土地权的比例相当小,男性是土地改革的主要受益者并拥有大多数土地①。巴西是世界上土地分配非常不平等的国家之一,在土地改革计划实践中,仍然主要注册土地给男性,夫妻共同的注名很少见。随着2003年1月巴西新的民法开始实施,该法为夫妻双方的权利和职责平等作了准备,妇女的权利保护得到了较大的发展。但是,一些标准往往导致了对妇女的间接的歧视,如在农村地区,仍然沿袭着带歧视性的继承惯例,女儿往往被排除在土地继承之外②。

在多数发展中国家和地区,妇女拥有的土地权利往往受到很大的

---

① FAO, "Rural Women and Food Security: Current Situation and Perspectives" (Rome, 1996).

② Julia S. Buivant, "Gender and Land Rights in Brazil" (paper prepared for the UNRISD Project on Agrarian Change, Gender and Land Rights, 2001).

限制。在拉丁美洲，妇女名下的土地很少，许多妇女甚至意识不到自己的财产权利。尼加拉瓜、多米尼加、洪都拉斯等国的民法不仅承认丈夫作为一家之主和家庭的代表，赋予他额外的家庭财产支配权，甚至还赋予他在妻子个人财产上的支配权[①]。即使在盛行双边继承习俗（即儿女都能继承父母财产）的南美安第斯地区（厄瓜多尔、秘鲁、玻利维亚），女性能继承的资产也比男性要少得多[②]。因此，近些年这些国家的妇女一直在为争取土地开展各种各样的社会运动，也取得了一定的效果。

在撒哈拉以南的许多非洲国家，为了避免由妇女婚姻变迁而使家族的土地外流，具有歧视性的财产所有权法案和社会习俗制约着女性对土地、住房等家庭资产的拥有。例如，在肯尼亚，80％的农业劳动力为女性，她们提供了 60％的农业收入，但在全国范围内成为合法的土地拥有者的只有 5％。因为肯尼亚妇女对财产的拥有、继承、管理和支配权利不断地受到来自习俗、法律、官方和个人的攻击，她们往往被剥夺了直接继承财产的权利，只能通过和男性的关系才能获得某些财产；当这些关系由于男性的死亡、离婚或其他原因结束时，妇女通常就要失去土地、房屋和其他财产[③]。类似的，在乌干达，80％的食物由女性生产，70％的农业劳动力为女性，但她们只拥有 7％的土地，而且，在妇女

---

①　Galan B. B. , "Aspectos juridicos en el acceso de la mujer rural a la tierra, en Cuba, Honduras, Nicaragua y Republica Dominicana" (FAO, Rome, 1998).

②　Deere Carmen Diana and Leon Magdalena, "Disjuncture in law and practice: women's inheritance of land in Latin America," in *Gender Perspectives on Property and Inheritance: A Global Sourcebook*, Developed by KIT (Royal Tropical Institute) in the Netherlands (OxfoM: Oxfam Publishing, 2001).

③　"Human Rights Watch, Double standards: Women's Property Rights violations in Kenya," downloaded on August 25, 2004, http://www. sarpn. org. za/documents/d0000333/P313_Kenya_Report.

拥有土地的地区,她们的小块土地通常比男人拥有的土地要小①。这些国家的妇女对自然资源的拥有如此有限,也与其家庭法、继承法、自然资源法、社会习俗等各种阻碍有很大关系(专栏 3-1)。不过,自二十世纪九十年代以来,一些非洲国家开始声明土地立法中性别平等的法则,废除带歧视的习惯法规,确保家庭土地的共同所有权。

专栏 3-1

坦桑尼亚的 Pastory 案例②

一个关于妇女土地权利的里程碑似的案例是坦桑尼亚的 Ephrahimv. Pastory and Another 诉讼案例[坦桑尼亚姆万扎最高法院(PC),1989 年第 70 号民事诉讼]③。在这个案例中,一个带歧视的习惯土地使用规则因与宪法及国家人权法案不一致而被视为无效。习惯法是坦桑尼亚法律系统的一部分:在马格威·吉米托对基贝诺·魏尔玛的诉案中(坦桑尼亚上诉法院,1984 年第 20 号民事诉讼),法院陈述:"这个国家的习惯法在我们的法庭上有与其他法律相等的地位,但须使之服从宪法或任何成文法与之相反的规定。"

"Pastory 案例"事实如下:一个哈亚妇女将她从她的父亲遗嘱

---

① FAO Women, "Agriculture and Rural Development—A Synthesis Report of the Africa Region" (Rome, 1995).

② 洛伦佐·克图拉:《性别与法律——妇女在农业中的权利》,邵世磊等译,中国科学技术出版社,2002,第 27 页。

③ Chris Maina Peter, *Human Rights in Tanzania—Selected Cases and Materials* (Koeln: Ruediger Koeppe Verlag, 1997).

中继承的土地出售到本族之外,一个男性族员采取行动宣告这个出售无效,因为妇女在哈亚的习惯法中不能出售土地。

最高法院基于性别上的不歧视原则和国际人权条约而宣判该歧视法规无效,并被确认在人权法案的13(4)条中(引自1984年宪法第五个修正法案)。法院声明哈亚女性可以和男性一样出售土地和使有争议的土地合法交易。

有意思的是,在权力法案(Lutabana Kashaga,1981 TLR 122)实施之前一个相似的案例却得到不同的裁决。该案例中,仲裁法庭认为妇女只有因为生存才能继承土地,故不可以出售或遗赠土地。

在亚洲地区,因土地所有制形式各有不同,各国法律赋予妇女的土地权利存在很大差异。在泰国和菲律宾,法律规定妇女可以拥有继承、获得和转让财产的权利。在印度,1956年的印度继承法赋予了女性能和男子继承其父亲等分财产的权利,但在实践中,男子实际所得还是要比女性多[1]。在许多的亚洲国家和地区,尽管广大妇女在农业生产中发挥着主要作用,但对她们耕作的土地却没有稳定的所有权,因而在诸如印度、尼泊尔和泰国的女性农民中,实际上拥有土地形式资产的人数不足1/10[2]。在越南,尽管法律给予农民对国家或集体所有的土地使用权,因而不存在对妇女土地权益的歧视,然而长期形成的习惯标准和家长制文化也限制了妇女获得土地。在乌兹别克斯坦,土地所有权为整个家庭所持有,以户主的姓名命名土地的名称,妇女只有通过她们的

---

① Mukhopadhyay, Maitrayee, "Introduction: Women and Property, Women as Property," in *Gender Perspectives on Property and Inheritance: A Global Sourcebook*, pp. 13 - 18.

② UNDP, *Human Development Report 2003* (New York: Oxford University Press, 2003).

丈夫或男性亲属才能获得土地。在巴基斯坦、孟加拉国,限制妇女遗产继承权的伊斯兰教法并入法律,男性掌握着家庭土地的管理权,妇女只有在其丈夫同意的情况下才能获得财产、使用土地,其继承份额仅是处于相同继承地位的男性的一半。可见,在多数亚洲国家,法定立法的实施还很少,尤其是在农村地区,通常实施的是惯例法和宗教法规(专栏3-2)。

尼泊尔 Dhungana 案例①

在 Mira Dhungana V. Law, Justice and Parliamentary Affairs Ministy 案例中(4S. Ct. Bull. 1),请求质疑尼泊尔国家民法第16节的内容。该条款严重限制了女儿的继承权利,她们只有达到35岁的年龄且未婚方能享有继承权,若她们随后成婚,就要把土地归还给家庭的其他成员。最高法院认为该标准歧视妇女,判其无效,并建议政府根据宪法中的平等条款(第11条)对该标准进行修正。

随着妇女组织大量的游说活动的开展,政府于1996年提出民法修正议案 interalia,承认女儿拥有平等继承父母财产的权利。但是,议案再次强调妇女在婚后将失去先前继承的土地。对于该议案的争议持续了多年,2002年3月,议会最终通过了这项议案。

综上所述,在国外,妇女土地权利可能因法律上的直接歧视而被剥夺,也可能即使没有法律上的直接歧视,但间接地或者事实上,妇女在

---

① 克图拉:《性别与法律——妇女在农业中的权利》,第29-35页。

获得土地权利方面依然受到各种各样的限制，大多数土地仍为男性所占有。此外，有许多妇女因为要获得这些土地财产权利需要耗费大量时间、感情、金钱和精力而放弃了努力和争取，造成她们拥有的土地数量更少。可喜的是，目前世界各国为改善妇女地位和社会经济权利的女权运动正在不断掀起，一些限制妇女合法权利的歧视性法律已被废除，保护妇女土地权利的措施正在实施。表3-1列举了一些国家和地区在妇女土地权利方面的法律歧视及特别措施等状况，从中可知在世界范围内保障妇女土地权利依然任重而道远。

表3-1　部分国家妇女的土地权利状况

国家	财产法	家庭法	继承法	土地法
巴西	GN	ND;GN	ND;J/I	ND;SM;F
布基纳法索	GN	GN	ND;J/D	ND;GN
斐济			GN;F	GN;F
印度	GN		GN;J/D	GN;J/D;SM;F
意大利	GN	ND;GN	GN	GN
肯尼亚	GN	GN	GN;J/I;F	GN;F
墨西哥	GN	ND;GN	GN;F	ND;SM;F
菲律宾	GN	GN;J/D	GN;J/D;J/I	ND
南非	GN	GN	ND;GN	GN;ND;F
突尼斯	GN	GN;J/D	J/D	GN

表中：GN——性别中立/无歧视；ND——无歧视/平等权利原则明确规定；SM——特别措施以改善妇女地位；J/D——法律上的直接歧视；J/I——法律上的间接歧视；F——综述文献中报道的事实歧视。

资料来源：克图拉：《性别与法律——妇女在农业中的权利》，第40页。

第二节　国内妇女土地权利制度的历史回顾

对某一法律权利或制度的发展过程进行分析,必须将其置于真实的历史背景之下加以考察,才能准确地把握该法律权利或制度的历史逻辑与存在必然性。对中国农村妇女土地权利制度的历史考察,有助于我们更为深刻地理解当前这一制度的产生、发展和未来趋向,为进一步改革完善制度本身提供必要前提。

一、1949 年以前的妇女土地权利制度

传统的中国一直是一个以自给自足的自然经济为特征的国度,建立在这种经济基础之上的是封建专制制度下的父权和夫权对整个社会的统治,妇女作为妻子或者女儿没有土地所有权,家庭财产继承权一般是父传子或在男性亲属间进行。1921 年 7 月中国共产党成立以后,中国妇女开始走上了解放之路。1931 年 11 月颁布的《中华苏维埃共和国宪法大纲》是我国历史上第一部体现男女平等的法律,它把提高妇女地位、保障妇女各项权利纳入法律体系之中,强调妇女的权利是受到法律保护的,同样具有神圣不可侵犯性。

无论是中央苏区、以后的解放区还是在二十世纪五十年代的土地运动中,党中央都明确规定妇女与男子享有平等的土地权,以保障广大妇女的土地权利(见专栏 3-3)。例如,1928 年 12 月中国共产党颁布的第一个土地法——《井冈山土地法》和 1929 年 4 月毛泽东主持制定的《兴国土地法》,均提出了"以人口为标准,男女老幼平均分配""在特殊情况下,劳动力可以作为'有能力耕种双倍土地的标准'"等土地分配原则①。1931 年 11 月的《中华苏维埃共和国土地法》中进一步规定：
"劳动人民不分男女都有得到分配土地的权利②。"为了保障妇女对土
地的占有权、使用权和自由处理权，鄂、豫、皖等根据地的苏维埃政府还
专门发出通知，对已婚妇女能否带走自己的土地、寡妇能否分田作出明
确规定。如 1930 年 11 月《中央关于劳动妇女斗争的纲领》中指出："妇
女亦与男子一样有独立支配自己所分配得来的土地的自由——她的土
地或与父母舅姑兄弟的土地共耕或自己单独耕种都可以，依她自由意
志去决定③。"针对婚姻引起的土地变更，1931 年 11 月中华工农兵苏维
埃第一次全国代表大会通过的《中华苏维埃共和国婚姻条例》中允许妇
女结婚和离婚自由，家庭、家族不得干涉，离婚后"男女各得田地""小孩
分得的田地，田地随小孩同走"④。1932 年 4 月颁布的《江西省苏维埃
政府对于没收和分配土地的条例》中规定"凡妇女出嫁时，土地由本人
自由处理"⑤。这些法律法令使中国妇女在近代历史上首次获得了法
律上的平等土地权利，也大大提高了广大妇女的生产积极性和劳动热
情，在当时的鄂豫皖中央苏区，妇女几乎成了生产的主力军，同时妇女
的社会经济地位也得到了大幅度提高。可见，这一时期的中国共产党
针对包括土地权益在内的妇女问题制定了一系列行之有效的方针政

---

① 江西省档案馆、中共江西省委党校党史研究室选编《中央革命根据地史料选编（下）》，江
西人民出版社，1982，第 361、364 页。
② 中华全国妇女联合会：《中国妇女运动史》，春秋出版社，1989，第 298 页。
③ 中华全国妇女联合会妇女运动历史研究室：《中国妇女运动历史资料（1927—1937）》，中
国妇女出版社，1991，第 77 页。
④ 同上书，第 153 页。
⑤ 江西省档案馆、中共江西省委党校党史研究室选编《中央革命根据地史料选编（下）》，第
466 页。

策,取得了明显的成效。尽管受历史条件的限制,这些政策对传统封建制度的改革不够彻底,立法也不够完善,但是,这是中国共产党妇女政策逐渐走向成熟的一个重要历史阶段,它为从根本上改革封建制度和实现男女平等提供了极为宝贵的经验,其中的许多原则被贯彻应用到以后的政策制定中,为保障农民和妇女的土地权利奠定了坚实的法律基础。

专栏 3-3

1949 年以前有关妇女土地权利的几个历史文件

(一)1932 年 6 月 20 日,中央执行委员会主席毛泽东同志亲自签署了《临时中央政府文告人民委员会训令(第六号)——关于保护妇女权利与建立妇女生活改善委员会的组织和工作》,其中提出:"苏维埃政府下农民妇女同男子一样分得了田,在经济上妇女是可以独立的,但是有许多地方妇女与丈夫离了婚,土地房屋仍然没有随着女子带去,而政府的工作人员,不但不注意这些问题,不去保护妇女应享受的权利,反而干涉妇女财产享受的自由权,如禁止离婚女子带衣服走等等;特别是男女工资不平等,这是蔑视无产阶级妇女最不可容许的错误!"

(二)1948 年 12 月 20 日颁布的《中国共产党中央委员会关于目前解放区农村妇女工作的决定》中指出:"为了安定和提高妇女参加生产的热情,各地在结束土改工作中,必须根据当地党端正政策,处理土改遗留问题的方针,解决有关妇女的各项问题。要由政府明令保障妇女的土地权。在以家庭为单位发土地证件时,须在土地证上注明男女均有同等的土地权,全家成员有民主处理财产之权,必要时,还可单独另发土地证给妇女。同时又应在全体农民中,进行长期的宣传解释工作,使男女农民能全面地认识保障妇女土地权的重要性。"

（三）1949 年 6 月 6 日发布的《中共中央关于妇女的土地所有权问题的指示》全文如下:

关于妇女土地所有权的问题,必须首先在法律上与实际上承认男女农民有同等权利,并保障其所有权。这是全国土地会议和土地法大纲上所肯定的原则和政策。任何人,任何地区不能对此有所修改或动摇其执行。但在具体处理方法上,应根据当地情况,采取双方协议和多种多样的,即根据原则性与灵活性相结合的办法具体处理之。"带地"仅是解决问题的方法之一,而不是唯一的办法。

报告中有"农民极不安心,不知何时会失掉妻子、土地、财产"等字样,"失掉"二字意味着土地、财产均属男人所有,因而也即否定了妇女同样有土地、财产所有权的原则。这须引起你们注意,并希望你们在农民和干部中进行教育与说服工作。

1947 年 7—9 月,中共中央工委在河北省平山县西柏坡村召开了第一次全国土地会议,决定采取彻底"平分土地"的方针,同年 10 月 10 日又正式批准和公布了《中国土地法大纲》,其中规定了分配土地财产的原则和方法:"乡村中一切地主的土地及公地,由乡村农会接收,连同乡村中其他一切土地,按乡村全部人口,不分男女老幼,统一平均分配。在土地数量上抽多补少,质量上抽肥补瘦,使全乡村人民均获得同等的土地,并归各人所有①。"这是一个自中国共产党成立以来最为彻底的反封建的土地改革纲领,反映了广大无地农民对土地的强烈要求。然而,当各根据地在实践中真正实施这一土地法大纲时,受传统的以男性为中心的婚姻家庭制度影响,仍有许多地方农村只分给男性劳力土地而不分给妇女土地。针对这一情况,中央发出了专门指示:"关于妇女土地所有权问题,必须首先在法律上与实际上承认男女农民有同等权利……任何人任何地区不能对此有所修改或动摇其执行②。"在耕者有其田的土地分配中,不少地区强调"土地证要写上全家人姓名",华东地区不少区、县还根据妇女的要求给妇女单独填写土地证,以防止男性户主取代妇女的土地所有权,保证每个妇女都能拥有一份土地。这一做法给当前我们寻求解决农村家庭内部的妇女土地权益受侵犯问题,提供了一定的启示。

二、1949 年以后至改革开放前的妇女土地权利制度

1949 年以后,为了尽快实现男女平等这一理想目标,国家先后制定了一系列以性别平等为核心的法律制度与政策。1949 年 9 月中国人民政治协商会议第一届全体会议通过了《中国人民政治协商会议共同纲领》,其中第六条明确指出:"中华人民共和国废除束缚妇女的封建制度。妇女在政治的、经济的、文化教育的、社会生活的各方面,均有与男子平等的权利③。"这是一部共和国的"临时大宪章",它以法律的权

---

① 中共中央党校党史教研室:《中共党史参考资料(第六册)》,人民出版社,1979。
② 中国妇女管理干部学院:《中国妇女运动文献汇编(第二册)》,中国妇女出版社,1988,第29页。
③ 中央人民法制委员会:《中央人民政府法令汇编(1949—1950年)》,法律出版社,1982,第18页。

威性明确妇女与男子享有同等的各项权利。在共同纲领的基础上，"男女平等"的原则即被正式地写入了 1954 年颁布的《中华人民共和国宪法》里，中国妇女在政治、经济、文化、社会、家庭等方面获得了与男性一样的法律地位与权利。

二十世纪五十年代以后，土地改革运动在广大农村迅速展开，妇女作为独立的经济主体，纷纷获得了属于自己的土地，一系列与妇女土地权利相关的法律制度也相继得以颁布与实施。1950 年 4 月，《中华人民共和国婚姻法》正式颁布，它在废除传统的包办婚姻、允许结婚和离婚自由的同时，也赋予了妇女在婚姻内平等处理包括土地在内的家庭财产权利，极大地提高了妇女在家庭和社会中的经济地位。1950 年 6 月底，《中华人民共和国土地改革法》颁布并实施，它赋予了妇女与男子平等取得和拥有土地的权利，而且不管是未婚女子、已婚妇女还是丧偶妇女都有属于自己的土地，真正确保了"平分土地"原则在妇女身上的实施。1950 年 9 月，在全国妇联第一届三次执委扩大会议上，蔡畅提出了新解放区土改中妇女工作的原则：贯彻土地法，按人口统一分配土地，确实有效地保障妇女的土地权；注意宣传男女平等，解除妇女所受的特殊封建束缚，保障妇女应有的权利；教育农民改变"分田不分女田"的旧思想，使他们了解土地法的规定。土地改革使广大农村妇女获得了土地，并迅速投入农业生产中，为其经济上翻身提供了后盾，妇女的家庭和社会地位获得了极大的提高。

从 1952 年起，中共中央决定对农业进行社会主义改造，引导农民走合作化道路，至 1956 年年底，短短的 5 年时间完成了由互助组到初级生产合作社乃至高级生产合作社的快速演变。1960 年后，随着"农业六十条"的颁布实施，农村开始步入人民公社时代，建立了社会主义农民集体土地所有制。在高度集中统一的人民公社集体所有制背景下,不管是妇女还是男子,都已失去了独立的土地所有权和经营权,成为一名集体的社员,妇女与男子同富同贫,都没有什么独立地权而言,因性别原因而剥夺妇女土地权利的现象也随之减少。

三、改革开放以后的妇女土地权利制度

1978 年,中共十一届三中全会胜利召开以后,传统计划经济时期"三级所有,队为基础"的人民公社制度逐渐解体,土地家庭承包责任制的推行改变了农民与土地的关系,使农民家庭再次成为土地生产经营的基本单位,生产积极性迅速激发,农业生产效率和农户家庭收入获得普遍提高。

家庭承包责任制在坚持土地集体所有制不变的前提下,将土地按家庭人口数量直接发包给各个农户,由农户自主进行生产经营。但是因为婚嫁、生死等多种原因,村组集体内部各农户家庭人口数量经常发生变动,为了体现土地分配的公平性,起初,许多村庄根据村里家庭人口的变化定期收回和重新分配家庭承包的土地。重新调整的做法对因结婚而迁移到新村庄的妇女非常有利,却因降低土地使用权安全感产生的消极影响而抵消,因为农户不知道什么时候要进行土地调整,也很少清楚自己土地中哪一部分会被集体收回进行调整,因而对在土地上进行长期的改良投资犹豫不决。

为了稳定和完善土地承包关系,赋予农民长期而有保障的土地使用权,1993 年 11 月 5 日中共中央、国务院发布了《关于当前农业和农村经济发展的若干政策措施》(中发〔1993〕11 号),提出"在原定的耕地承包期到期之后,再延长三十年不变"。同时,为避免因承包耕地的频繁变动而导致的耕地经营规模不断被细分,1995 年 9 月国务院《关于稳定和完善土地承包制的通知》中规定了在承包期内实行"增人不增地,减人不减地"的办法,1997年中央又作出了"大稳定,小调整"的决策。1998年新修订的《中华人民共和国土地管理法》第十四条规定:"土地承包经营期限为三十年。在土地承包经营期限内,对个别承包经营者之间承包的土地进行适当调整的,必须经村民会议三分之二以上成员或者三分之二以上村民代表的同意,并报乡(镇)人民政府和县级人民政府农业行政主管部门批准。"这些法律条文大大增强了农户土地的安全感,激发了其长期投资的积极性,政策效应十分显著。

　　然而,"增人不增地,减人不减地"及"三十年不变"的土地政策也面临以下困境:农村妇女结婚或离婚后的土地承包权与其结婚或离婚前的土地承包权如何衔接、协调?妇女在结婚后,娘家土地该不该收回,婆家该不该分地?娘家婆家土地的多少、土地的价值不一样,如何处理?这些问题与矛盾的存在使土地政策执行起来面临重重困难,效果也大打折扣。此外,"生不增、死不减"的土地政策还可能造成在未来的三十年期间,有儿子的家庭因新娶了媳妇、生了孙子而使家庭土地严重不足,而有女儿的家庭则因女儿出嫁而拥有多余的土地,随着时间的推移,在同一村庄内部不同家庭之间的这种土地非均衡现象将更加严重,从而引发社会矛盾。据一些学者调查,在面临"增人不增地,减人不减地"政策时,相当多的村庄还是根据自己的实际情况进行了土地调整,以缓解人口增加带来的人地矛盾,使村庄内的土地分配更显公平[1][2]。

---

　　① 杨学成、罗伊·普罗斯特曼、徐孝白:《关于农村土地承包30年不变政策实施过程的评估》,《中国农村经济》2001年第1期。

　　② 叶剑平、罗伊·普罗斯特曼、徐孝白、杨学成:《中国农村土地农户30年使用权调查研究——17省调查结果及政策建议》,《管理世界》2000年第2期。

除了土地政策本身的某些不足,家庭承包责任制下农户家庭经营方式也使妇女土地权利容易遭受侵犯。人民公社体制下农业实行集体统一生产与经营管理,利益分配是以农民个人为单位的,妇女享有与男子平等的土地收益权利。而实行土地家庭承包责任制以后,农业生产转变为以农户为基本单位的家庭经营形式,土地按人口或劳动力均分到户,无须特别指出家庭每个成员所拥有的地块。在家庭人口不发生变动的时候,这种以户为基本单位的土地分配模式并无太大问题,但一旦人口发生流动(如婚姻关系变化导致),要求将个人的土地权利从家庭剥离时,这种个人财产权利与家庭土地分配制度间的冲突就会显现出来①。在"从夫居"习俗的支配下,女性由于婚嫁在家庭和村庄间的流动比男性更为普遍,使得女性更容易因为婚嫁变迁而失去土地权益。

在农户家庭经营制度下,妇女个体的土地承包权益被虚化,户主(通常是男性)往往在没有征得配偶同意的情况下便随意处置和流转家庭承包的土地,从而侵犯到妇女的土地权益(专栏3-4)。与此同时,农村中没有彻底消除的父系制、男主外女主内等传统观念也因家庭经营制度而开始复活,这两方面因素的作用导致妇女在家庭中的地位和权利易被侵犯。随着农村改革的不断深化,社会利益分化越发明显,妇女土地权益遭受侵犯的问题将更加突出。

---

① 田传浩、周佳:《农地制度、农地市场与妇女土地使用权》,《中国农村观察》2008年第5期。

专栏 3-4

夫妻离婚后，一方无权将土地承包权流转出去

案例介绍：2001 年 8 月 7 日，解某与崔某经市人民法院调解协议离婚。协议规定：解某和崔某婚生子崔某某由解某抚养，1997 年第二轮土地延包时该户承包的 8.4 亩（计税面积）水田，自 2001 年起全部由解某经营。2001 年 11 月 3 日，在解某不知情的情况下，崔某将该承包地流转给该村十二社农民杨某，流转期限为 10 年，流转费为 9000 元，一次性付清，并签订了土地流转合同，后又被杨某再次流转给该村二社的郎某。2005 年 4 月 4 日解某向市农村土地承包纠纷仲裁委员会提起申诉，要求自 2005 年开始经营该户 1997 年所承包的水田 8.4 亩。市农村土地承包纠纷仲裁委员会判决如下：（1）裁决崔某于 2001 年 11 月 3 日将属于解某的 8.4 亩水田经营权流转给杨某，不久后杨某又流转给郎某，上述两次流转均无效，不受法律保护。（2）解某、崔某及二人婚生子崔某某在 1997 年农村第二轮土地延包时，所承包的 8.4 亩水田从 2005 年开始由解某经营。（3）为了不影响春耕生产，自裁决之日起，上述土地由解某备耕①。

点评：根据 2003 年 3 月 1 日起施行的《中华人民共和国农村土地承包法》第十条、第三十四条、第五十七条规定："国家保护承包方依法、自愿、有偿地进行土地承包经营权流转。""土地承包经营权流转的主体是承包方。承包方有权依法自主决定土地承包经营权是

---

① 王惠玲、王瑞霞、陈宏宇：《农民土地权益维护简明读本》，中国社会出版社，2006，第 58－59 页。

否流转和流转的方式。""任何组织和个人强迫承包方进行土地承包经营权流转的,该流转无效。"崔某、解某及二人婚生子崔某某,在1997年第二轮土地延包时承包的8.4亩水田,已经过法律程序全部确认给解某经营,崔某无权决定该土地的承包经营权流转相关事宜。首先在解某不知情的情况下,崔某将属于解某的8.4亩水田经营权流转给杨某,该流转无效,不受法律保护;其次是杨某不久后又将这8.4亩水田流转给郎某,属再次流转,应征得解某本人的同意,但杨某却没有这样做,违反了法律规定程序,也属无效行为。

第三节　中国妇女土地权利制度的基本框架

进入二十一世纪,伴随城乡市场经济的不断发展,中国政府将包括性别平等在内的公平正义作为构建社会主义和谐社会的重要内容,不断加大维护妇女权益法律法规的制定、修订和实施力度,不断健全保障妇女合法权益的法律体系,切实维护妇女合法权益。十多年来,相继制定和修订了婚姻法、人口与计划生育法、农村土地承包法、妇女权益保障法等法律,颁布实施了一百余件涉及妇女权益保障的法规和规章。目前,我国已形成以《中华人民共和国宪法》为基础,以《中华人民共和国妇女权益保障法》为主体,包括国家各种单行法律法规、地方性法规和政府各部门行政规章在内的一整套保护妇女权益和促进性别平等的法律框架体系。

在新的历史发展时期,围绕农村土地非农化、市场化而产生的不同主体利益纷争问题日益尖锐和增多,妇女面临更为激烈的竞争,妇女土地权益流失的现象也越来越普遍,已成为一个重大的社会问题,引起了社会的广泛关注与重视。近年来,中国政府为了贯彻男女平等原则和保护妇女土地权益,缓解社会矛盾,相继出台或修订了一系列相关的法律法规和政策措施,基本建立了一个保护妇女土地权益的强大法律框架。

一、全国性法律法规

为了保障妇女获得经济资源的平等权利和机会,2001 年 5 月,我国政府制定并颁布了《中国妇女发展纲要(2001—2010 年)》,提出了新世纪第一个十年妇女发展的主要目标和政策措施,确定了六个优先发展的领域,其中第一个领域即妇女与经济,该领域中的第一个主要目标就是:"保障妇女获得经济资源的平等权利和机会。"在相关策略措施的第一项——国家宏观政策中提出:"确保妇女平等获得经济资源和有效服务。主要包括获得资本、信贷、土地、技术、信息等方面的权利;农村妇女享有与居住地男子平等的土地承包权、生产经营权、宅基地分配权、土地补偿费、股份分红等权利。"截至 2010 年,纲要确定的主要目标基本实现,我国在促进妇女发展和男女平等方面取得了重大进展。2010—2020 年是全面建设小康社会的关键时期,既为妇女发展提供了难得的机遇,也提出了新的挑战,因此《中国妇女发展纲要(2011—2020年)》进一步提出要保障农村妇女土地权益,要求"落实和完善保障农村妇女土地权益的相关政策,纠正与法律法规相冲突的村规民约。建立健全农村集体资金、资产、资源管理等各项制度,推动各地出台农村集体经济组织内部征地补偿费分配使用办法,确保妇女享有与男子平等的土地承包经营权、宅基地使用权和集体收益分配权"。这些妇女纲要的制定和实施,目的是强化政府的有关职能,动员全社会的力量,为妇女的进步与发展创造更好的社会环境。

2001年修订的《中华人民共和国婚姻法》第十三条、第十七条和第三十九条分别规定了:"夫妻在家庭中地位平等。""夫妻对共同所有的财产,有平等的处理权。""夫或妻在家庭土地承包经营中享有的权益等,应当依法予以保护。"这些规定不仅与我国政府一贯倡导的"男女平等"立法精神相一致,而且也是对现有的宪法、民法通则等基本法律法规的补充,它进一步重申了丈夫和妻子在家庭中享有同等的地位,夫妻依法共同处理婚姻存续期间获得的财产。按照我国的民法通则第八十条规定,农村土地承包经营权属于"财产所有权和与财产所有权有关的财产权",因而在婚姻存续期间获得的土地使用权被认为由夫妻共同拥有。

2001年5月8日,中共中央办公厅、国务院办公厅发布了《关于切实维护农村妇女土地承包权益的通知》,第一次比较完整、系统地颁布了农村妇女土地承包经营权保护的具体政策措施。其主要内容包括:第一,强调男女权利平等的基本原则。通知规定,"农村妇女无论是否婚嫁,都应与相同条件的男性村民享有同等权利,任何组织和个人不得以任何形式剥夺其合法的土地承包权、宅基地使用权、集体经济组织收益分配权和其他有关经济权益"。第二,必须保障出嫁女的土地承包权。通知规定,"不管采取什么办法,都要确保农村出嫁妇女有一份承包地"。如妇女出嫁后,男方所在村要优先解决出嫁女的土地承包问题;出嫁女的娘家村,在其未在婆家村获得承包地之前,不能强行收回出嫁女原籍的承包地。第三,不得歧视离异或丧偶妇女的承包权。通知规定,"妇女离婚或丧偶后仍在原居住地生活的,原居住地应保证其有一份承包地。离婚或丧偶后不在原居住地生活、其新居住地还没有为其解决承包土地的,原居住地所在村应保留其土地承包权"。第四,为妇女提供行政和司法救济,通知要求各级党委、政府、妇联要有积极的正面作为,主动负担起维护妇女合法权益的职责,"有关人民政府对农村妇女因土地承包而产生的争议,应依照有关法律和政策及时进行处理;对不服基层政府和有关部门处理决定而提起诉讼的,人民法院应当依法及时受理"。从以上内容不难看出,我国政府在保障妇女土地权益方面给予了明确的规定和政策支持。

2003 年 3 月 1 日,我国又一部涉及妇女土地权益的法律——《中华人民共和国农村土地承包法》正式实施,该法的一个明显特点是加强了保护妇女土地承包权益的力度,并就如何保护妇女土地承包权做出了一些具体的条文规定。如为了贯彻男女平等的基本原则,第六条规定:"农村土地承包,妇女与男子享有平等的权利。承包中应当保护妇女的合法权益,任何组织和个人不得剥夺、侵害妇女应当享有的土地承包经营权。"为了防止农村妇女土地权利因婚姻关系变动而遭受侵犯,第三十条规定:"承包期内,妇女结婚,在新居住地未取得承包地的,发包方不得收回其原承包地;妇女离婚或者丧偶,仍在原居住地生活或者不在原居住地生活但在新居住地未取得承包地的,发包方不得收回其原承包地。"从而在法律上基本解决了如何保护从出生地到结婚地之间迁移时妇女所分得的土地权利。并且该法第五十四条指出,剥夺、侵害妇女依法享有的土地承包经营权,应当承担停止侵害、返还原物、恢复原状、排除妨害、消除危险、赔偿损失等民事责任。

在农村社会经济发展过程中,各种各样的土地大小调整不可避免,由此必然带来妇女土地权益的被侵犯和流失。因此,2004 年新修订的

《中华人民共和国土地管理法》第十四条明确规定："在土地承包经营期限内,对个别承包经营者之间承包的土地进行适当调整的,必须经村民会议三分之二以上成员或者三分之二以上村民代表的同意,并报乡(镇)人民政府和县级人民政府农业行政主管部门批准。"这说明各地应尽可能减少土地重新调整的频率和范围,只有在"个别情况下"才允许重新调整,即小调整。

2007年10月1日起施行的《中华人民共和国物权法》在我国法律制度史上具有里程碑似的意义,也进一步夯实了妇女土地权益保障的法律根基。在物权法出台之前,农村土地承包经营权属于一种债权,其权力效力是相对且有限的。享有债权性质之土地承包经营权的妇女,大多无法对抗包括发包方集体组织在内的任何侵权行为。物权法实施以后,土地承包经营权的物权属性表明它是一种可以用来对抗除权利人之外所有其他人的权利,这一权利的排他性和法律效力将使妇女能够直接针对任何侵犯其权利的人主张其权利,增强了法律对妇女土地权益的保护功能。不过,法律仅仅只是为权利人提供为权利而斗争的工具,或者说为其行使权利创造一定的外部环境,而妇女是否敢于或是否能够实际运用这些工具,则取决于其权利意识和内在的勇气[①]。

近年来由于城乡农地非农化进程加快,农村集体土地征用过程中发生的矛盾和纠纷也日益增多,为了依法妥善处理农村集体土地征用案件,切实保障被征地农民尤其是妇女和儿童等弱势群体的合法权益。2009年最高人民法院发布了《关于当前形势下进一步做好涉农民事案

---

① 陈小君、麻昌华、徐涤宇:《农村妇女土地承包权的保护和完善——以具体案例的解析为分析工具》,《法商研究》2003年第3期。

件审判工作的指导意见》(法发〔2009〕37 号)的通知,要求"按照物权法、最高人民法院《关于审理涉及农村土地承包纠纷案件适用法律问题的解释》等法律、司法解释的相关规定,妥善处理好征地补偿费用分配等纠纷。在审理因土地补偿费分配方案实行差别待遇,侵害当事人利益引发的纠纷案件中,要依法充分保护农村集体成员特别是妇女、儿童以及农民工等群体的合法权益"。这是最高人民法院首次发布的直接与妇女土地权益有关的指导性意见,彰显出国家司法部门对于妇女权益问题的重视程度。

2018 年新修订的《中华人民共和国妇女权益保障法》在第五章财产权益中专门对妇女的土地承包经营、集体经济组织收益分配、土地征收补偿等问题作出了明确规定。其中第三十二条规定:"妇女在农村土地承包经营、集体经济组织收益分配、土地征收或者征用补偿费使用以及宅基地使用等方面,享有与男子平等的权利。"第三十三条规定:"任何组织和个人不得以妇女未婚、结婚、离婚、丧偶等为由,侵害妇女在农村集体经济组织中的各项权益。因结婚男方到女方住所落户的,男方和子女享有与所在地农村集体经济组织成员平等的权益。"此外,该法的第五十五条还对侵害妇女土地权益行为应承担的后果进行了明确规定:"违反本法规定,以妇女未婚、结婚、离婚、丧偶等为由,侵害妇女在农村集体经济组织中的各项权益的,或者因结婚男方到女方住所落户,侵害男方和子女享有与所在地农村集体经济组织成员平等权益的,由乡镇人民政府依法调解;受害人也可以依法向农村土地承包仲裁机构申请仲裁,或者向人民法院起诉,人民法院应当依法受理。"实践中,各级政府和农业部门把解决农村妇女土地承包问题列入督查督办重点,据统计,2005—2009 年,地方各级农业部门受理的涉及农村妇女土地承包经营权益纠纷由 2 万件减少到 1.1 万件,下降了 45％,占受理农村土地承包经营纠纷的比重由 5.4％下降到 4.6％[①]。

村民自治是宪法赋予我国全体村民的一项基本社会政治制度,村民自治章程、村民会议决议等村规民约是开展村民自治的基础和依据,是村民参与各项村务活动的基本准则,然而由于缺乏严格的审查机制,有些村庄制定的村规民约往往出现歧视妇女的条款,规定婚丧嫁娶妇女不能享有同等的村民待遇,对妇女土地权益进行"有根据"的侵犯,村民自治反而成为侵害妇女权益的挡箭牌。因此,2018 年新修订的《中华人民共和国村民委员会组织法》第二十七条第二款规定:"村民自治章程、村规民约以及村民会议或者村民代表会议的决定不得与宪法、法律、法规和国家的政策相抵触,不得有侵犯村民的人身权利、民主权利和合法财产权利的内容。村民自治章程、村规民约以及村民会议或者村民代表会议的决定违反前款规定的,由乡、民族乡、镇的人民政府责令改正。"可见,任何村规民约都必须以遵守国家法律法规为前提,如有违反法律规定侵害妇女土地权益的条款内容,都必须立即予以废止或修改,以树立国家正式法律的权威性。

二、地方性法律法规

各级地方政府及相关管理部门也对保障农村妇女土地权益给予了高度重视,制定和颁布了许多相关的地方性法律法规。2006 年 12 月,广东省委农办、省妇联、省信访局共同颁布了《关于切实维护农村妇女土地承包和集体收益分配权益的意见》,围绕如何切实维护农村妇女土

---

① 《全国人大常委会执法检查组关于检查〈中华人民共和国妇女权益保障法〉实施情况的报告》,中国人大网,https://www.npc.gov.cn,2010 年 6 月 23 日。

地承包和集体收益分配权益等有关问题提出了具体意见,从而在我国各省市保障妇女土地权益的地方性法律法规建设方面开创先河。此外,在日益普遍的"外嫁女"①问题上,许多地区出现以多数压倒少数的貌似合法的方式来损害弱势群体利益的现象,为此,2007年10月1日起施行的《广东省实施〈中华人民共和国妇女权益保障法〉办法》中第二十二条和第二十三条分别规定:"任何组织和个人不得以结婚、离婚、丧偶为由,阻挠、强迫农村妇女迁移户籍。""村民代表会议或者村民大会决议、村规民约和股份制章程中涉及土地承包经营、集体经济组织收益分配、股权分配、土地征收或者征用补偿费使用,以及宅基地使用等方面的规定,应当坚持男女平等原则,不得以妇女未婚、结婚、离婚、丧偶等为由,侵害其合法权益。"同时,该办法第二十四条进一步规定,"农村集体经济组织成员中的妇女,结婚后户口仍在原农村集体经济组织所在地,或者离婚、丧偶后户口仍在男方家所在地,并履行集体经济组织章程义务的,在土地承包经营、集体经济组织收益分配、股权分配、土地征收或者征用补偿费使用以及宅基地使用等方面,享有与本农村集体经济组织其他成员平等的权益。符合生育规定且户口与妇女在同一农村集体经济组织所在地的子女,履行集体经济组织章程义务的,享有前款规定的各项权益"。有学者指出,该办法是国内首个以地方立法的形式明确保护"外嫁女"合法权益的法规,意义十分重大②。随后,其他各省市也纷纷出台了地方性的实施《中华人民共和国妇女权益保障法》办法,并在各自的办法中均对保障妇女土地权益进行了明确规定,从而确

---

①　在广东,外嫁女专指与外村农业户口人员、非农业户口人员或同港澳台同胞、外籍人士结婚的农业户口的农村妇女。

②　邓新建:《广东为"外嫁女"立法开全国先河》,《法制日报》2007年6月7日第4版。

保了我国农村妇女土地权利制度的落实,在法律的实施与操作方面更加完善。

针对近年来农村集体经济收益分配纠纷日益增多,大多数基层法院不予受理,权益受侵害的妇女投诉无门等现象,2010年1月1日河北省邢台市中级人民法院出台了《关于审理农村集体经济组织收益分配纠纷案件若干问题的意见》,明确规定了农村土地收益分配案件的受理范围、安置方案确定时的理解、成员资格的取得和丧失等内容,尤其对涉及出嫁女(离异、丧偶妇女和入赘婿及其子女)的各种土地权益保护情形都作了详细规定,从而为基层人民法院解决此类纠纷提供了具有操作性的法律依据,解决了妇女土地维权法律依据不足的困惑。实践显示,这一妇女土地权益司法救济的"邢台模式"取得了良好的社会效果。

为了在农村土地承包经营权确权登记工作中贯彻落实男女平等基本国策,调动妇女参与经济社会发展的积极性,2014年9月江苏省妇女联合会联合省农业委员会共同颁布了《关于在农村土地承包经营权确权登记颁证工作中保护好农村妇女土地权益的意见》(苏农经〔2014〕8号),明确提出了确权中维护妇女土地权益的重要意义和基本要求,妇联部门作为地方政府土地确权工作领导小组的重要成员,要共同参与土地确权试点的方案制订、任务实施、督导检查等具体操作过程,乡村基层在调处疑难问题时必须有妇女干部或代表的参与,确保男女平等基本国策在确权中得到贯彻落实,真正做到妇女"登有其名,名下有权"。

综上所述,至目前为止,我国已基本确立了以宪法为依据,以民法通则、婚姻法、农村土地承包法、妇女权益保障法等专门法及司法解释为主要内容,以地方性法规和相关政策为补充的保障妇女土地权益的法律法规与政策框架,它为保障我国农村妇女土地权益、实现男女平等目标迈出了可喜的一步。

第四节　妇女土地权利制度的总体评价

从 1922 年中国共产党关于妇女问题的第一个纲领性文件《关于妇女运动的决议》,到 1949 年以后的《中华人民共和国土地改革法》,以及二十一世纪初新修订的《中华人民共和国妇女权益保障法》等,可见在人类社会发展过程中,中国妇女的法律地位正在日趋上升,妇女的财产权益越来越受到各级政府的高度关注。回顾一个多世纪以来中国妇女土地权利制度变迁的历史进程,可以发现,它具有以下总体特征:

1. 基本建立了保障妇女权益的多层次、多方位的法律体系

纵观历史,可知中国政府历来十分重视对妇女合法权益的保护,在 1949 年之前,中国共产党就在革命根据地提倡"男女平等",1949 年后,政府在推行"男女平等"政策,保障妇女在经济发展、政治参与、文化教育、卫生保健、环境保护等领域的平等权利等方面,进行了不懈的努力。早在二十世纪五十年代初期,中国的性别立法在诸多方面就已处于世界领先水平,妇女财产权比韩国早 39 年,妇女与男子共同参与社会工作的权利比日本早 34 年,规定女性参政的比例,妥善地解决男女同工同酬和女性生育的问题,更是中国妇女政策的创举。目前,据不完全统计,仅从立法层面讲,我国保护妇女儿童合法权益的法律,以及涉及此类内容的法律、法规、规章和规范性文件、地方法规、相关的司法解释等

已超过一百个,其立法范围之广,内容之丰富仍可处于世界发达国家行列。

至今为止,我国已基本建立起了多层次、多方位的保障妇女权益的法律体系。宪法第四十八条、第四十九条明确规定了妇女在政治、经济、文化、社会和家庭生活等各方面享有同男子平等的权利;以根本法为依据,我国刑法、刑事诉讼法、民法通则、民事诉讼法、继承法、婚姻法、收养法等基本法,从程序到实体,从不同层次、不同方位分别规定了保护妇女人身权和财产权的专项条款。近年来,国家在总结立法经验、借鉴国外先进科学的立法技术基础上,对原有法律规定的不足进行了修订和补充。先后颁布和施行了《消除对妇女一切形式歧视公约》《中国妇女发展纲要》《中华人民共和国妇女权益保障法》,以及一系列地方性法律法规。所有这些,均有力地推动了男女平等事业的历史进程,尽管,在现实中我们不可否认,在很多方面两性之间依然存在着许多事实上的不平等,有关妇女权益保障方面的公共政策还有待进一步完善。

2. 农村妇女土地权益在法律上受到基本保护

农业的女性化特征反映了妇女对土地具有更大的依赖性,农村妇女获得稳定的土地权利是实现其他权利的重要基础,因此,消除对妇女一切形式的歧视,从法律上对妇女的土地承包权及其他相关权益予以特别的保护,有利于改变长期以来形成的忽视妇女合法权益甚至歧视妇女的错误观念,对进一步稳定农村土地承包关系、减少侵害妇女土地权益案件的发生、维护农村社会的稳定具有十分重要的意义。目前,我国农村妇女土地权益的确立及其保护已经有了较为充分的法律依据,从法律规范的对象效力范围看,既有一般法也有特殊法;从立法层次上看,已具有了自根本法到法律、规章等从高至低不同级别效力的相关规范,初步形成了一套相对完整的法律制度体系。实行男女平等是我国的一项基本国策,《中华人民共和国妇女权益保障法》《中华人民共和国农村土地承包法》、中共中央办公厅　国务院办公厅《关于切实维护农村妇女土地承包权益的通知》等许多法律法规都提出了在农村土地承包中必须坚持男女平等原则,不允许对妇女有任何歧视等,这为我国农村妇女土地权益的保护提供了最强有力的法律手段,也大大提升了中国妇女的法律地位。

目前,关于农村妇女土地权益保护的法律制度主要体现在以下两大方面:

一方面,在法律上保障妇女与男子有同样的土地承包权。《中华人民共和国妇女权益保障法》第三十二条规定:"妇女在农村土地承包经营、集体经济组织收益分配、土地征收或者征用补偿费使用以及宅基地使用等方面,享有与男子平等的权利。"《中华人民共和国农村土地承包法》第三十条规定:"承包期内,妇女结婚,在新居住地未取得承包地的,发包方不得收回其原承包地。"通常情况下,"从夫居"的习俗使得农村妇女结婚后往往到夫家居住,因此,妇女嫁入方所在村应当尽量解决其土地承包问题。如果该集体经济组织有依法预留的机动地、通过依法开垦等方式增加的土地或者承包方依法、自愿交回的土地,可以承包给嫁入的妇女。如果没有上述土地,应当依法在个别农户之间承包的土地进行小调整。上述情况都不具备的,应当遵循"增人不增地,减人不减地"的办法,即出嫁妇女原籍所在地的发包方不得收回其原承包地。

另一方面,家庭关系发生变化后,妇女土地承包权受到法律保护。除了土地管理法关于土地权利的规定外,婚姻法、妇女权益保障法、物权法、土地承包法等都已考虑到特殊情形下的妇女土地承包权的保护,尤其是考虑到婚姻变动对妇女土地承包权的影响,并作出了有针对性的规定。《中华人民共和国妇女权益保障法》第三十三条规定:"任何组织和个人不得以妇女未婚、结婚、离婚、丧偶等为由,侵害妇女在农村集体经济组织中的各项权益。"《中华人民共和国婚姻法》第三十九条也规定:"离婚时,夫妻的共同财产由双方协议处理;协议不成时,由人民法院根据财产的具体情况,照顾子女和女方权益的原则判决。夫或妻在家庭土地承包经营中享有的权益等,应当依法予以保护。"《中华人民共和国农村土地承包法》第三十条规定:"妇女离婚或者丧偶,仍在原居住地生活或者不在原居住地生活但在新居住地未取得承包地的,发包方不得收回其原承包地。"这说明,如果妇女离婚或者丧偶后仍在原居住地生活的,其已取得的承包地应当由离婚或者丧偶妇女继续承包,发包方不得收回;如果妇女不在原居住地生活的,新居住地的集体经济组织应当尽量为其解决承包土地问题,如可以在依法进行小调整时分给离婚或者丧偶妇女一份承包地,离婚或者丧偶妇女在新居住地未取得承包地的,原居住地的发包方不得收回其原承包地,这样有利于保护离婚或者丧偶妇女的合法权益。所以,从立法层面看,我国法律对妇女土地承包权的保护还是比较充分的。

3. 保障妇女土地权益的法制建设地区差异较大

尽管从总体上来说我国农村妇女土地权益保障制度建设已经取得了一定的成效,但是也不排除在地区之间还存在某种程度的差异。有的地方政府十分重视对妇女土地权益的保护工作,并针对地区实际情况制定了具体的政策法规加以规范。例如,浙江省杭州市西湖区针对农村土地征用和撤村建居过程中"农嫁女"权益遭受侵犯的问题,于2004年展开了"农嫁女"维权行动试点工作,区政府成立了"农嫁女"权益维护工作领导小组,出台了《关于切实保障农村婚嫁妇女享有土地承包权及相关经济权益的实施意见》和《西湖区股份经济合作社股份量化的指导意见》,明确提出维护"农嫁女"合法权益的五项原则,对违反原则的有关规定、决议和村规民约等进行清理,并明确了相关救济途径。经过一年的试点,2005年全区"农嫁女""土地承包权"全部享受的有86.78%,"宅基地"以不同形式享受的有89.75%,"土地征用劳力安置补偿费"全部享受的有93.98%,"双低养老保险"补贴全部享受的有82.45%,"集体资产股份量化"中"基本股东"和"普通股东"分别达到87.05%和9.36%,各项指标均有较大幅度提高[1]。

2008年3月广东省佛山市南海区专门成立了"南海区解决农村出嫁女及其子女权益问题工作领导小组办公室",并在大沥镇平地、横江村实行试点。同年6月,南海区委、区政府又出台了《关于推进农村两确权,落实农村"出嫁女"及其子女合法权益的意见》,要求清理和纠正村规民约及集体组织章程中歧视、侵害出嫁女权益的条款,确保村规民约及集体组织章程不与国家法律、政策相抵触,对符合农村集体经济组织成员资格的农村"出嫁女"及其子女,按照"同籍、同权、同龄、同股、同利"的原则进行股权配置[2]。该文件的出台意味着解决"出嫁女"问题迈出了实质性的一大步,尽管这只是一个地方性的政策规定,但它为其他地区解决出嫁女权益问题提供了有益的借鉴。

与之相反,其他一些地区在保障妇女土地权益制度建设方面却进展缓慢,有的甚至依然执行着侵害妇女权益的相关政策规定。如陕北

---

① 申保珍:《西湖区切实保障"农嫁女"土地承包权》,《农民日报》2006年5月15日第3版。
② 林志文、邱安邦:《出嫁女权益保护如何突破重围——广东南海模式调查》,《中国妇女报》2009年7月30日第A04版。

某县第二轮土地承包按照"预测人口"分地,未婚男性成员可以预先获得未来媳妇及其未来子女的耕地,而未婚女性成员多的家庭,可能预先扣减待嫁女的耕地,这种带有明显性别歧视的分地办法,得到地方政策的默许①。可见,全国各地在维护农村妇女土地权益的法制建设方面存在较大差异,一些相对落后的地区应当学习借鉴先进地区的成功做法,尽快将保障妇女土地权益工作纳入法制化轨道。

4. 土地权益的性别平等政策在执行过程中仍然存在偏差

多年来,尽管各级政府先后制定了一系列以男女平等为核心的妇女土地权利公共政策,但是当性别平等的准则从一般政策进入具体执行操作后,却呈现出弱化的倾向,即性别平等政策在执行过程中仍然存在偏差,性别歧视现象依然严重。在经济发达地区,性别歧视政策表现得比较隐蔽,而在落后的农村地区,性别歧视的规定更是表现得赤裸裸②。江苏省苏北有的县及部分镇村在《农村股份经济合作社成员身份确认指导意见》中规定独女招婿及其未成年子女可以享有农村股份经济合作社成员身份,但未说明如果是双女户、一女一儿户是否能够享有,由此可能造成这类妇女群体的成员身份不能受到保障。

调查发现,一些政策措施的具体操作不够规范,也容易导致政策执行中的偏差。2014 年的农业部与全国妇联会议纪要中提出"在土地承包经营权确权登记簿和权证上写上妇女名字",以实现农村妇女"证上有名、名下有权",据我们所知,基本上目前农户持有的新颁土地承包经营权证上均记载了承包方所有家庭成员的名字,但是农户持有的村

---

① 王景新:《中国农村妇女土地权利——意义、现状、趋势》,《中国农村经济》2003 年第 6 期。

② 李慧英:《社会性别和公共政策》,当代中国出版社,2002,第 289 - 290 页。

(社)的股权证书上有的地方写有共有人的名字,有的没写,而宅基地使用权证上都只有户主一人的名字,根本缺乏共有人一栏,更谈不上写有共有人的名字。2016年国土资源部下发的《关于进一步加快宅基地和集体建设用地确权登记发证有关问题的通知》(国土资发〔2016〕191号)第八条规定:"农村妇女作为家庭成员,其宅基地权益应记载到不动产登记簿及权属证书上。农村妇女因婚嫁离开原农民集体,取得新家庭宅基地使用权的,应依法予以确权登记,同时注销其原宅基地使用权。"因此,今后重新颁发农户的不动产登记簿及权属证书时,应当把妇女作为产权共有人进行登记,确保妇女在宅基地使用权上也能"证上有名、名下有权"。

第四章 农村妇女土地权益流失状况
及其影响后果

　　随着农村城镇化、现代化进程的不断加快,农业女性化现象越来越普遍,农村妇女土地权益流失问题也日趋突出,而且出嫁女、离异妇女、丧偶妇女、未婚女等处于不同婚姻状况下的妇女土地权益更容易遭受侵害。本章将结合江苏、湖北、四川等地的农村实地调研成果,剖析现实中的各种妇女土地权益流失问题及其对失地妇女、家庭和社会等所造成的影响及后果。

第一节　妇女土地权益流失概况及其特征

一、妇女土地权益流失概况

　　从现有的法律和政策角度看,中国的法律已经赋予了妇女与男子平等的土地权利。宪法从根本上赋予了男女平等的经济、政治权利,婚姻法规定了夫妇双方享有平等的财产权利,妇女权益保障法、继承法、农村土地承包法、物权法等也都对保障妇女土地权利作了具体规定,可见农村妇女的土地权利在法律及政策上与男子是完全平等的。然而,在现实中,有些地方公然漠视男女平等的原则,随意侵犯和剥夺妇女的土地承包经营权、宅基地使用权、征地补偿款、土地入股分红权利等,造成妇女土地权益的流失现象。因此有学者称,从总体上判断,当前中国农村妇女土地问题的实质是法律上平等而事实上不平等,起点公平而过程不公平,在婚姻关系变化、土地(征用)所有权和占有关系变化中,妇女土地权利流失最为严重①。

全国妇联的一系列调查表明,在家庭承包制的初期,土地分配中对妇女的歧视还没有像现在这么严重。但是,自1998年农村第二轮土地承包分配起,轻视、歧视妇女,侵犯出嫁女、离婚妇女及其子女土地承包权的问题在全国许多地区已有不同程度的反映。2000年全国妇联和国家统计局联合实施的第二期中国妇女社会地位调查结果显示,有35%的村不分给农嫁非妇女承包田,46%的村不分给她们宅基地,39.5%和35.4%的村在土地入股分红和征用土地补偿费方面不给农嫁非妇女以相应的村民待遇,14.7%的村对从外村娶进来的媳妇不予分配责任田,只有2%的村对嫁出本村的妇女,允许其继续保留自己原有的土地。

尽管在第二轮土地承包启动后,全国妇联联合地方各级妇联大力宣传农村土地承包法,提高基层干部的性别意识,纠正男女不平等的村规民约,推动政府及有关部门出台有利于保障妇女土地承包经营权的政策措施,但是,随着承包期的延长,土地承包经营权的重要性更加凸现,歧视妇女、随意剥夺妇女土地权益的现象有上升趋势。例如,有的村社对第一轮承包后没有分到土地的嫁入妇女,在二轮承包中仍然不

---

① 王景新:《中国农村妇女土地权利——意义、现状、趋势》。

作调整。有些地区计算家庭人口时,妇女只能分到男性 50%～70%的土地,个别地区甚至出现了 40%的劳动妇女没有承包田和宅基地的情况[1]。

近年来随着城镇化快速推进,农村土地大量地被征用,有些地方的村庄在分配征地补偿款过程中,把村民分成多个不同档次,农嫁居妇女及其子女只能分到全额的 1/2 或 1/3,而一些已过世的老人却分文未少。根据全国妇联权益部于 2008 年 3 月至 2009 年 2 月开展的 3000 户农户家庭"农村失地妇女土地及相关权益状况调查",在被调查的 835 名失地妇女中,有 76.1%拿到了征地补偿款,23.9%的人没有拿到。而在已拿到补偿款的妇女中,有 86.8%的人不清楚它所包含的具体项目,14.6%的人不清楚自己拿了多少补偿款;在没有拿到补偿款的妇女中,91.3%的人没有参加过政府提供的免费职业培训,88.3%的人没有任何安置[2]。2008 年 5 月到 7 月,湖南省妇联在长沙市芙蓉区和宁乡市开展了针对农村妇女土地权益特别是土地补偿费分配纠纷的妇女问卷调查,结果表明,有 11.88%的妇女表示分到的宅基地比当地村民少,有 21.13%的妇女表示在实际征收过程中没有分到补偿款,而分到补偿款的妇女中,有 21.04%反映她们分到的补偿款比当地村民要少[3]。

妇女土地权利的性别不平等不仅表现在妇女能否获得土地上,还

---

① 全国妇联妇女儿童权益部调查组:《土地承包与妇女权益——关于农村第二轮土地承包工作中妇女权益被侵害情况的调查》,《中国妇运》2000 年第 3 期。

② 韩湘景:《2009—2010 年:中国女性生活状况报告(No. 4)》,社会科学文献出版社,2010,第 89－101 页。

③ 于怀清:《新土地政策:妇女权益之变》,《中国妇女报》2008 年 12 月 1 日。

表现为妇女所获得的土地数量和质量也不如男性。如在进行土地小调整时,有的村庄规定新媳妇只能分到其他村民土地数量的一半,且分配到的一般是机动地或其他农户退出的土地,而这些土地通常都是劣等地,土地分布也较为细碎、零散,有的土地还是由荒地开垦出来的。从表面上看,妇女似乎享有了与男性同等的土地分配权利,但实质上,其所获得的土地质量、位置、肥度等都劣于男子,这事实上也是一种对妇女土地权益的侵害。

二、妇女土地权益流失的主要特征

通过笔者的调查发现,现行农村妇女土地权益流失主要表现出以下特征:

1. 权益流失数量呈现逐年增长态势

与其他信访类案件相比,尽管从总量上看妇女土地权益流失现象不太普遍,数量也不大,但是在部分城镇化速度较快的区县和城郊地区,这类问题呈现逐年增长态势,不容忽视。原因可归结为城镇化进程带来的土地增值迅速、税费改革和各种惠农政策的实施、妇女自身的维权意识增强等。另外,一些地区基层政府对于妇女土地权益案件重视不够,久拖不决,干预不力,措施不实,导致矛盾激化,集体上访、重复上访、越级上访时有发生。根据江苏省妇联法律维护中心的信访统计,2008—2013 年,中心每年接待的妇女土地问题信访数量呈增长趋势(图 4-1)。

2. 土地权益在婚姻关系变化过程中最易流失

调查发现,农村中除了少数村庄因性别歧视在土地发包或福利分红中损害妇女权益外,由婚姻关系变化导致妇女土地权益流失的现象十分普遍,这充分说明了妇女土地权益流失与其婚姻形态密切相关。

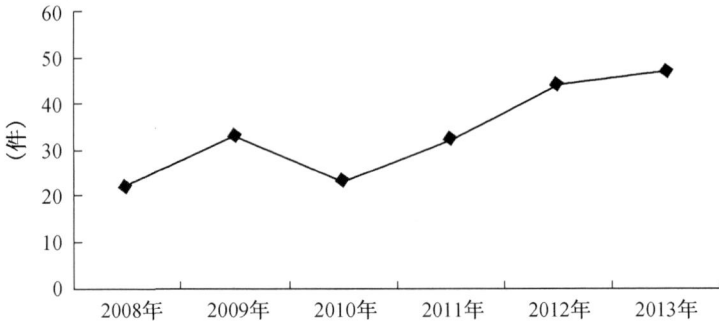

图 4 - 1 2008—2013 年江苏省妇女土地问题信访数量变动趋势

中国有"从夫居"的传统习俗,妇女外嫁而其土地具有不可移动性,这就决定了妇女的土地权益具有不稳定性。现行家庭承包制度规定了土地是以农户家庭为单位进行分配与经营,土地权利属于家庭成员共同所有。如果婚姻关系稳定,妇女的土地权益在家庭庇护下便也相对稳定而有保障,一旦妇女结婚、离婚、丧偶或家庭发生解体时,妇女的个人财产需要明确分离,"家庭共有"对妇女权益的侵害便显现出来。

2006 年全国妇联的一份抽样调查结果显示,在没有个人承包地份额的农村妇女中,从未分到过的妇女占 51.0%,"结婚后失去"和"离婚后失去"的分别占 28.3% 和 0.9%,被国家征用等原因失去占 19.8%①。张林秀对全国东、中、西部三大地区 6 个省 1199 个农户的实地调查表明,妇女由婚姻关系导致不能马上获得土地的现象很普遍,完全不能分到土地的新媳妇的比例全国平均为 23.1%②。可见,婚姻状

① 全国维护妇女儿童权益协调组:《全国农村妇女权益状况和维权需求调查报告》,《中国妇运》2007 年 3 期。

② 张林秀、刘承芳:《从性别视角看中国农村土地调整中的公平问题——对全国 1199 个农户和 2459 个村的实证调查》,《现代经济探讨》2005 年第 10 期。

况变化是农村女性失去土地的主要原因,要保护妇女土地权益,必须对农村中的出嫁女、离婚妇女、丧偶妇女和招赘妇女给予特殊的关注,对家庭内部共有财产进行确权,明确妇女享有的合法权利。

3. 不同地区土地权益流失的表现存在差异

农村妇女土地权益流失问题与地区经济发展水平存在一定关系,其表现形态有所不同。在经济发展水平较低的中西部农村地区,尤其是一些地理位置偏僻、以务农为主的传统农区,妇女土地权益流失主要表现在剥夺或限制其土地承包经营权方面;在东部沿海发达地区和大中城市郊区,土地被大量征用,农用地数量较少,集体经济积累了巨额资产并形成了高额收益,妇女的土地承包权问题逐步转向土地征收补偿款、宅基地使用权和集体福利收益分配等方面。例如,2011—2013年江苏省妇联法律维护中心接访的 123 件妇女土地权益类案件中,住房拆迁安置补偿问题达 52 件,占总量的 42.3%,居该类信访案件首位;土地征收征用补偿问题 33 件,占 26.8%,两者合计占 69.1%,住房拆迁和征地补偿方面问题正在成为妇女信访的主要内容。在广东、浙江、江苏等开展农村股份合作制改革的一些地区,农民的土地权利逐渐演变为股份分红为主的一系列集体经济收益分配权,同时包括农村集体合作医疗、养老保险、子女入托入学等方面的集体福利,它们成为在家庭经济之外农民收入的重要组成部分。因而,在这些地区村民待遇、集体经济股份分红、股权的确定标准等正日渐成为妇女土地权益纠纷的焦点所在,"出嫁女"问题十分突出。

4. 权益纠纷通常表现为少数人与多数人之间的利益之争

在许多农村地区,妇女出嫁后其所拥有的承包地一般被留在娘家由其他亲属继续耕种经营,也有些由村集体收回进行重新分配。这样的习惯性做法以前很少有人提出异议,或者即使有异议但被驳回后,也不再主张,因为有些处理的决议是以村民会议或村民代表会议的形式形成的,被大多数村民所接受。如果出嫁的妇女坚持要地、要股、要钱,其矛盾便成为妇女个体与其家庭、少数人与多数人之间的利益之争,很可能保护了妇女的权益但却引发全村人的不满。因此为了稳定村民的心理或不"得罪"其他村民,现实中有很多村庄便以村规民约、"少数服从多数"为依据,对侵害妇女土地权益的问题不予理睬,不惜牺牲少数妇女的权益来满足大多数人的利益需求。可见,在土地权益纠纷中农村妇女常常处于明显的弱势地位,其权益保护的难度很大。

5. 权益流失呈现出一定的群体性

在许多的城乡接合部地区,城镇化引起郊区土地不断地被征用开发,由此带来了一系列数额巨大的征地补偿款分配问题,并呈现出一定的群体性特征。一些村组在分配和发放征地补偿款时,以村规民约为由随意剥夺妇女及其子女的村民待遇,不发或少发补偿款,使妇女及其家庭面临失地、失权、失利等多重困境,引起妇女群体性上访事件频频发生,其负面社会效应大。2009 年苏南地区某村妇女张某等 13 人到江苏省妇联多次上访,反映她们出嫁后户口一直在娘家未迁出,在娘家仍然享有承包土地,但是 2008 年村里分配征地补偿款时却将她们排除在外。因为按照该村村规民约的规定,在非独生子女家庭,女儿嫁出不管户口是否迁出,一律不能再享受村民待遇,而在儿子结婚或独生女招婿时,不管户口是否迁进,都可享受村民待遇。显然,这样的村规民约违背了法律面前男女平等的基本准则。

三、城镇化进程中妇女土地权益流失新动向

实践中农村妇女土地权益流失问题在全国各地层出不穷,尤其是在快速城镇化背景下土地资产收益明显增加,利益驱动下侵害妇女权益的现象日益严重,并正呈现出新的特征动向①。

1. 权益流失的妇女群体范围正在扩大

从权益流失的妇女人群来看,二十世纪九十年代主要是"农嫁非"妇女,她们结婚后户口仍在娘家,但不能享受所在村村民待遇。现在一些快速城镇化地区的出嫁女、离婚丧偶妇女、招婿女、有女无儿户、大龄未婚女、随母生活的非婚生子女等各种不同类型的人群都出现了权益受侵害现象,即权益流失的妇女群体范围正在扩大。据调查,截至2013年8月,江苏省扬州市共有女儿户96113户、离异妇女6079人、丧偶妇女21145人、外来妇女2200人,其中没有落实土地权益的分别为4198户、584人、592人、51人,分别占 4.37%、9.60%、2.80%、2.32%,这些不同类型的妇女已成为土地权益易流失的特殊群体,尤其是其中的离异和丧偶妇女,更容易成为权益侵害的对象。据2014年江苏省苏北某市妇联开展的专题调研统计,在被调查的980名离婚女性中,土地及相关权益受侵害的有480人,占总人数的49.00%;1030名丧偶女性中,权益受侵害的有560人,占总人数的54.00%。离婚妇女因其居住地和户口发生了两次变动,不仅极易失去土地承包权、宅基地和征地补偿款等权益,而且她们离婚后所带子女的土地权益也难以得到保护。

大龄未婚妇女土地权益流失也开始成为近年来出现的新问题,一些地区受传统思想的影响,对大龄未婚女性不分或少分土地,或者实行

① 张笑寒:《城镇化进程中妇女土地权益问题的新动向与对策建议——以江苏省为例》,《华中农业大学(社会科学版)》2016年第1期。

"测婚测嫁"政策,随意剥夺大龄未嫁妇女宅基地或拆迁安置房的分配资格,从而更加诱导了农村中"重男轻女"倾向。

此外,城镇化促进了我国农村剩余劳动力的向外转移,越来越多的妇女走出家门,外出打工,这些"打工女"们的土地也可能面临流失的境地。妇女外出后的土地或抛荒,或流转给他人耕种,但由于法律意识不强,有些流转行为没有签订正式书面合同或协议,一旦发生纠纷,妇女的权益难以得到保护。还有一些村庄在妇女外出打工或考取大学后便将她们的土地强行收回转包,往往也使这类妇女失去土地。

2. 权益流失的形式日益多样

有的出嫁妇女虽然还拥有名义上的土地承包权,但实际上已经丧失了对承包土地的占有、使用和收益等权利,土地基本上归娘家的父亲、兄弟来占有和支配,形成一种隐形的侵权。随着农村土地流转现象的增多,父母的土地绝大多数为其儿子所独占或瓜分,而女儿却很少能够从中继承或获益。多数村组的村规民约中提倡男女平等,也没有歧视妇女的表述,但在现实中又常常以村民自治的名义、以"少数服从多数"的原则,在进行征地拆迁补偿和集体经济收益分配时,部分或完全剥夺妇女的村民资格,侵占她们的合法权益。

3. 妇女的维权意识逐步增强

过去农村土地分配中歧视妇女的现象也存在,但大多数妇女因自身受教育程度低,权利意识淡薄,对男女不平等的传统做法往往选择默认。现在随着农村妇女文化水平的提高和各种法制宣传教育的不断深入,加之存在生存压力或巨大的利益诱惑等因素,妇女的权利意识逐渐增强,对土地相关法律政策的认知程度不断提高,开始鼓起勇气进行信访投诉或运用法律武器来维权。江苏省苏南某市大龄未嫁女吴某自

2008年起为拆迁安置商品房问题到县、市、省相关部门不断上访,反映当地街道、村委会和拆迁办在拆迁过程中以女儿最终会出嫁为由,剥夺其按建安价购房的安置补偿权的问题,当地法院也未受理其上诉请求,至今该问题仍未得到妥善解决。

4. 权益纠纷案件处置越来越难

一方面,处置过程中来自基层村组的阻力较大。据调查,由婚姻变化、建房和宅基地分割等家庭内部矛盾造成的妇女土地权益侵害案件数量相对较少,且这些纠纷一旦发生,多数能在村组干部的协调下得到解决,造成的不良社会影响小。现实中更多的是村组集体在征地拆迁补偿、集体土地收益分配中侵害妇女权益的案件,此类案件中受侵害的妇女群体人数众多,涉及面广,产生的不良社会影响也较深。而且,侵权主体往往就是当地村组集体经济组织或村委会,并以村民自治的名义实施侵权,使案件处置更加困难,一些基层法院又以无法可依为由对该类案件不予受理,妇女几乎陷于状告无门的境地。

另一方面,法院判决难,执行更难。如由于法律没有明确界定集体经济组织成员资格,各地法院判决标准不一,有些县(市、区)以在本村生产和生活作为集体经济组织成员资格认定标准,从而对一些妇女原告不利。一些案件即使得到立案并胜诉,却可能面临无法执行的难题。可见,由于妇女土地案件诉讼难,执行也难,权利救济渠道堵塞,致使她们不得不走上漫长且成本高昂的上访之路。

第二节 不同妇女群体的土地权益流失

根据我们的调查,处于不同婚姻状态过程中的农村妇女面临各种各样的土地权益流失问题。从收集的 57 件妇女土地权益受侵害代表性案例看,出嫁女的案例最多,有 36 件,占总案例的 63.2%,其次是离婚妇女和丧偶妇女案例,分别占总案例的 17.5% 和 8.7%(表 4-1)。

表 4-1 不同婚姻状态下农村妇女土地权益流失案例

妇女类型		案例数(件)	占总案例数的比例(%)
出嫁女	嫁给本村	0	0
	嫁给外村和非农户口	36	63.2
离婚妇女		10	17.5
丧偶妇女		5	8.7
招赘妇女		2	3.5
未婚妇女		3	5.3
其他(多女户)		1	1.8
合计		57	100

资料来源:根据作者实地调查资料统计而成。

一、出嫁女的土地权益流失

出嫁女是指结婚出嫁的妇女,具体又包括嫁给本村、嫁给外村、嫁给非农(农嫁非)三类情形。一般嫁给本村的妇女基本上不涉及户口和土地的流动,依旧可以回到娘家继续耕种土地,所以,根据我们的调查,承包地被收回的现象几乎没有发生。嫁给外村的妇女,通常会涉及户口、土地在不同村庄之间的流动,在此过程中妇女土地常易流失。农嫁非的妇女即使妇女自身仍属于农业户口,但也常常面临空挂户、不分田、不享受村里待遇的处境。嫁给外村和非农的妇女土地权益遭受侵害的具体类型包括三种:一是妇女出嫁后,由于"大稳定,小调整"的土地政策,娘家村和婆家村在调整承包地时存在时间差,从而造成部分妇女土地权益"两头空"的现象。在调查的36起出嫁女案例中,有3人婚后在婆家村未分得土地,且其在娘家村的承包份额被收回,占比为8.3%。二是妇女结婚后,其在娘家村的责任田虽未被收回,但妇女出嫁后一般很少回娘家耕种自己的土地,其土地大多由自己的父母或兄弟耕作,在道义上很难回娘家争取属于自己的土地权益,调查中这类案例共有8起,占出嫁女案例总数的22.2%。三是妇女婚后户口、责任田仍在娘家村,但当土地被征用时,根据村规民约和经大多数村民表决,妇女不能享受村民待遇和相关补偿费。这类"出嫁不出村"妇女所遇到的侵权问题比较普遍,共有案例25起,占出嫁女案例总数的69.5%。如在江苏省南通市郊区调查时我们发现,有两个村的十多位已婚女,户口、承包地均在娘家村,但在土地征用补偿过程中,均未得到补偿安置。原因是该村地处市区,一般家庭户口只进不出,村里只能采取对出嫁女和招婿女都不予补偿安置的办法。

从现实来看,许多地区农村仍然沿袭"从夫居""男娶进女嫁出"的风俗习惯,对于妇女出嫁不出村尽管不干涉也不反对,但在涉及承包地调整、宅基地分配、征地补偿款分配时则给予妇女及其子女不公平的待遇,这一问题在城郊或者经济较发达地区十分常见(专栏4-1、4-2)。浙江双流县某村规定:嫁与非农户者(不论是否在该村居住),从办理结婚手续之日起,就由村里收回承包地,也不能参加本村的经济分配,只有妇女及其子女愿意交纳 2 万元的"农业发展资金",才可以享受与村民同等的待遇,否则不予落户分田。山东省有的村统一盖商品房,出嫁不出村的妇女必须以 2～4 倍于当地村民的价格才可以购买,且面积只有其他村民的一半。根据全国妇联的调查,在被调查的不同妇女群体中,"嫁到城市妇女"和"嫁到外村妇女"这两类"外嫁女"能够享受到各类土地权益的比例最低,有 70％左右的人享受不到相关土地权益,其次是"离婚后回村妇女"和"嫁入后离婚妇女"这两类"离婚妇女"(表 4-2),这些数据与前面表 4-1 中笔者的调查结果大致相似。

专栏 4-1

出嫁不出村妇女土地权益遭受侵害案例

江苏省海门市三星镇民乐村一组女村民杨某,1987 年与同镇太阳村村民龚某结婚,婚后生育一女,女儿随母杨某落户于民乐村一组。1993 年该组 42.5 亩土地被当地政府征用,建造三星叠石桥绣品城。同年 12 月 1 日,绣品城管委会与民乐村村委会、民乐村一组签订了土地补偿协议,由管委会每月补偿给民乐村一组村民2808.60 元/人。1995 年 2 月,民乐村村委会制定了"村规民约",规定已婚姑娘户口不愿迁出的,不享有一切待遇。杨某遂起诉至法院。海门市法院经审理认为,根据《中华人民共和国婚姻法》《中华人民共和国妇女权益保障法》的相关规定,妇女与男子享有平等的权利,妇女结婚后,其责任田、口粮田、宅基地等应当受到保障。《中华人民共和国农村土地承包法》第三十条进一步规定:"承包期内,妇女结婚,在新居住地未取得承包地的,发包方不得收回其原承包地；妇女离婚或丧偶，仍在原居住地生活或不在原居住地生活但在新居住地未取得承包地的，发包方不得收回其原承包地。"据此，杨某结婚后，其户口及所生女儿户口一直在民乐村一组，故杨某母女享有与同组其他村民平等的权利。民乐村村委会制定的"村规民约"与法不符，严重侵犯了妇女合法权益，应确认无效。最后判决村委会每月支付村民杨某母女土地补偿费1032元。

点评：这是侵犯农村妇女土地征用补偿费的一个案例，地方法院依法认定原村委会规定的"村规民约"是违法无效的，维护了农村妇女的合法土地权益。

专栏4-2

农嫁非妇女土地承包经营权遭受侵害案例

傅某出生在甲村民组，户口也在甲村民组，并在甲村民组生活。1991年傅某与在广东省某市服役的志愿兵许某结婚（许某户口为非农业）。结婚后傅某未将户口迁出。1993年5月傅某生育一子许某某，许某某的户口也落在甲村民组。1995年进行第二轮土地承包改革，甲村民组认为傅某与非农业人口结婚，根据当地文件规定：农业人口与非农业人口结婚，本人两年脱离本组耕作的，不享有承包经营权，傅某及许某某是不享受承包经营权的对象，未分农田给傅某母子承包。傅某为此找甲村民组和它的上级主管机关，要求享有承包经营权，但未能解决。2003年1月24日，甲村民组上级机关对傅某的要求，给出书面答复：在暂不分给其土地的前提下，享受村民组其他村民同等待遇。傅某母子遂向法院提起诉讼,要求享有2亩土地承包经营权,并要求被告甲村民组赔偿其自1995年10月以来所造成的经济损失。后经法院判决傅某及其子许某某依法有权承包2亩土地,且被告应赔偿其自1995年10月以来的经济损失①。

点评:享有土地承包经营权是集体经济组织成员的权利,农村土地承包法第五条规定:"农村集体经济组织成员有权依法承包由本集体经济组织发包的农村土地。任何组织和个人不得剥夺和非法限制农村集体经济组织成员承包土地的权利。"第六条规定:"农村土地承包,妇女与男子享有平等的权利。承包中应当保护妇女的合法权益,任何组织和个人不得剥夺、侵害妇女应当享有的土地承包经营权。"这些规定体现了法律对妇女土地权益的特殊保护。

本案例中,原告傅某与非农业户口的许某结婚后,户口一直留在原集体经济组织,仍是该村民组的成员,应当享有与本村村民同等的待遇,包括土地承包经营权。1995年10月被告进行第二轮土地承包改革,在分配给其他村民土地时,却将两原告排除在外,显然与法相悖,侵害了妇女的合法权益。被告上级机关制定的土地改革实施细则,内容与法律不符,不能成为阻止原告权益实现的理由。

---

① 王惠玲、王瑞霞、陈宏宇:《农民土地权益维护简明读本》,中国社会出版社,2006,第50-51页。

表4-2　不同妇女群体不能享受土地权益的状况

妇女类型	不分承包地/宅基地	不能享受土地入股分红或村集体收益	不能享受土地征收征用补偿费、安置费
嫁到城市妇女	67.3%	70.7%	64.7%
嫁到外村妇女	65.8%	70.8%	67.8%
离婚后回村妇女	28.6%	27.7%	22.7%
嫁入后离婚妇女	26.4%	26.6%	23.2%
未成年女孩	12.5%	10.1%	7.9%
嫁入本村妇女	8.4%	6.6%	7.1%
丈夫到本村入赘	8.2%	7.5%	5.3%
丈夫去世后妇女	5.0%	5.5%	3.4%

资料来源:全国维护妇女儿童权益协调组:《全国农村妇女权益状况和维权需求调查报告》,《中国妇运》2007年第3期。

二、离婚和丧偶妇女的土地权益流失

《中华人民共和国妇女权益保障法》第三十三条规定:"任何组织和个人不得以妇女未婚、结婚、离婚、丧偶等为由,侵害妇女在农村集体经济组织中的各项权益。"据此,离婚丧偶妇女的土地可依据其实际状况而进行处置,但必须保障妇女权益不受任何侵害。调查中我们发现,离婚丧偶妇女的土地权益流失现象时有发生,有的地方离婚丧偶妇女的承包土地被婆家强行剥夺或被村集体强行收回,有的妇女在离婚丧偶后将户口迁回娘家,婆家所在村将其土地收回,但是回到娘家村里也很难保证再分得土地,使该妇女陷入一无所有的境地。例如,黄某是安徽省滁州市来安县新安镇岱山村村民,自她结婚后,娘家村就收回了她的土地,同时,婆家所在的村也没有分土地给她,所以自从她出嫁后就一直没有自己的土地。后来婆家所在村的土地被征用,村民们都拿到了

征地补偿款,黄某却因其没有土地而得不到任何补偿。离婚以后,黄某回到岱山村,村委会又以严格执行30年不变的土地政策为由,不分配土地给她。所以岱山村的村民都拿到了征地补偿款,而黄某却任何补偿都得不到①。可见,农村妇女一旦离婚或丧偶,其土地权益也常常面临被剥夺或侵害的可能。具体表现为以下两种情形:

一是妇女离婚或丧偶后仍在原村组居住,但土地承包经营权受侵害,或不能参与土地征用补偿费用分配。如南通市某村有一妇女,丧偶后外出打工谋生,到了秋天回家耕种时,发现其承包地已默认由邻居耕种,至今未能取回。

二是妇女离婚或丧偶后不在原村组居住,如外出打工、回娘家居住、再婚至其他村组等,即使户口仍在原组,也不能参与土地征用补偿费用分配。有些即使参与分配,但费用最终可能被前夫或婆家侵占,或者村委会为了避免矛盾激化而暂时将该笔费用留在村里不予分配。江苏省南通市某妇女,2001年嫁至A村,2004年离婚,2007年又嫁至B村,但户口仍在A村,后A村土地被征用,每人分配5000多元的补偿费。在对该女的补偿问题上,A村村委会讨论决定,土地补偿费可以分给她,但有条件,即她的户口必须迁出A村②。

三、招赘妇女的土地权益流失

我国的婚姻法第九条明确规定,"登记结婚后,根据男女双方约定,女方可以成为男方家庭的成员,男方可以成为女方家庭的成员"。但

---

① 王亦君、邢佰英:《"半边天"得不到"半边地" 农村妇女土地权益屡遭侵犯》,《中国青年报》,2006年5月18日。

② 南通市妇联办公室:《关于我市农村妇女土地权益问题的调查报告》,《南通妇女工作》2007年第18期。

是,目前不少地方的农村受"从夫居"习俗影响,对于男到女家落户的招赘妇女有歧视。有的地区以"不参与本村组集体经济组织收益分配"作为女儿、入赘男及其子女落户女方村的前提条件;有的地区即使男方户口已经落到女方村组,但在分配土地和相关收益时不能一视同仁,入赘男及其子女只能获得部分权益;有的地区要求入赘男必须交纳一定数量的集体公益金和建校款等才能获得承包地。还有些地方无子户只允许一个女儿招婿和落户分田,其余女儿招赘则不能享受村民待遇;有子户但儿子在外面工作、女儿招赘上门的,不予落户分田。这些不成文的规定都明显侵害到入赘男及其子女的合法土地权益,实质上也是对妇女本身权益的一种侵害。

对招赘妇女土地权益的歧视,不仅在基层经常发生,有的地方甚至在政府的官方文件中也间接传达出一种"从夫居"的思想观念。如四川省某市曾经明文规定:"妇女结婚后已长期在女方生产、生活的,要尽量说服动员到男方落户划地;经动员仍不去男方落户的,经大多数群众同意允许在户口所在社划地。"一些地方也正是手持这柄地方性的"尚方宝剑",有恃无恐地根据"大多数群众"的意愿将已婚妇女的户口去掉,承包地收回,导致男到女家落户的男子不能享有与其他村民的同等的待遇和权利,生活上和地位上都矮人一等。

四、未婚妇女的土地权益流失

由于国家制定了"土地承包三十年不变"和"大稳定,小调整"的基本政策,因此在较长时间里,村庄中的土地配置格局将相对稳定下来。但是随着生老病死及人口的增减变化,不同家庭间的人地关系往往发生变化,故土地调整在所难免。有些村庄便以减少调整为名,在土地初始分配中采取"测婚测嫁"和"预测人口"的办法,对未婚男女差别对待,

即到一定年龄的未婚女子要预先被剥夺土地承包权,不能获得应得的
承包份额,而未婚男子则可以在结婚生子之前就预先获得"老婆田""子
女田";有的地方规定未婚男性获得的土地数量超出按人口平均的份
额,而未婚女性的土地数量少于平均份额;有的地方规定,未出嫁女到
一定年龄虽未出嫁,土地也要被收回;有的地方甚至规定,新出生的孩
子中只有男孩能享受村民的一切待遇,而女孩不能分承包地和宅基
地等。

据有的学者调查,在浙江乐清县某村,19 岁以上未婚男性每人分
两份地,14～23 岁的女性则每人只能分 0.5 份地,24 岁以上的未婚女
青年一律不给分地;在湖南浏阳地区的一些乡村,1998 年设计责任田
承包方案时规定:年满 23 岁的女青年要结婚出嫁,完全没有分田资格,
一个 20 岁的男青年可分一个人的田,即分 30 年的田,预测 5 年后男青
年必然娶妻,26 岁再生孩子,可分老婆田 25 年,可分儿子田 24 年,他
一人可分 79 年的田,如果折合 30 年一亩,20 岁的男孩可分 2.63 亩,23
岁的女孩则一分田没有①。"测婚测嫁"的做法从根本上是受传统的
"从夫居""男婚女嫁""嫁出去的女儿泼出去的水"等封建思想的影响,
妇女还没有结婚就已被剥夺了土地权益,由此必然导致农村中"重男轻
女"思想越来越严重。

除了上述这些问题以外,调查中我们发现,"多女户"的女儿土地权
益流失问题也时有发生。四川省德州某村规定,对于一户有两个或两
个以上女儿婚后户口仍留在娘家的,在土地征用补偿费用分配时,只承

---

① 金一虹:《资源分配与性别权利》,载李慧英《社会性别和公共政策》,当代中国出版社,
2002,第 112－113 页。

认一个女儿享有与儿子同等的权利,而其余的女儿及其子女只能按
50%的比例享受。还有一些村庄以"不参与本村组集体经济组织收益
分配"为条件,限制多女户的女儿留在本村,或者如果多女户的女儿想
留在本村享受与儿子同等待遇,则需交纳一定数额的"社会负担费",承
担额外义务。个别地区在拆迁过程中,不允许多女户的女儿单独立户
分别享受拆迁安置,只能与父母一起作为一户,而同等情况下的多子户
则可以分户,表现出明显的歧视妇女现象。类似地,江苏省苏南地区有
一街道的《农村社区股份合作社股权固化改革实施方案》中对于"多子
女分户"规定如下:"一子一女或两女户及以上的只按1户配基本股,而
两子户可按2户配股。"显然存在妇女歧视。

第三节　妇女土地权益流失的影响后果

农村妇女对土地的较强依赖性,反映了土地在妇女家庭生活、社会
角色中的重要作用。土地权益流失不仅会对妇女及其家庭的生活与发
展造成许多障碍,而且也将对提高妇女社会地位、维护社会稳定产生不
利影响。

1. 妇女土地权益流失对妇女及其家庭生活的影响

妇女无地少地使其用于农业生产的耕地资源减少,粮食产量下降,
有的连口粮都难以自给,妇女及其家庭因此陷入贫困的可能性显著增
加。农业部女性课题研究组于2003年在传统农区湖南省和陕西省一
共选取了4县12村36个村民小组400多农户进行了抽样调查,结果
显示,无地妇女家庭人均粮食产量623斤,比其他家庭低30%,而粮食

产量减少导致无地妇女家庭收入也相应下降,其家庭存款和现金分别比其他家庭低 45.5% 和 40.3%[①]。在缺少外出非农就业机会、家庭收入来源没有保障的情形下,这些无地或少地妇女家庭必将陷入一种绝对贫困的境地。

国外已有研究发现,在很多情况下,地权分配和继承转让的方式将影响妇女获得土地和其他经济机会的可能性、在家庭中的谈判地位,以及家庭消费结构和生活福利、人力资本积累水平。印度和孟加拉国学者对南亚乡村妇女财产权的研究表明,妇女拥有包括土地在内的财产权,会显著加强她们在家庭内部的谈判地位[②][③]。妇女支配家庭财产的数目越大,用于满足子女需要的资源也就越多,所以,Pandey 指出土地等财产的占有不但对妇女的福利和权利有着直接和间接的影响,也影响着孩子、家庭及社会[④]。在洪都拉斯、尼加拉瓜,妇女在婚后拥有土地的数量与食品支出、子女教育绩效之间显著正相关[⑤]。鉴于土地在许多发展中国家普通农村家庭资产结构中的重要性,不断强化妇女对土地的控制权会对下一代的福利、人力与物质资本积累水平及进度产

---

① 陈苇、杜江涌:《中国农村妇女土地使用权与物权法保障研究》,载陈苇《家事法研究》,群众出版社,2006,第 17 页。

② Agarwal, "'Bargaining' And Gender Relations: Within And Beyond the household," pp. 1 - 51.

③ Jyoti Subramanian, "Rural Women's Rights to Property: A Bangladesh Case Study," (report prepared for the International Food and Policy Research Institute (IFPRI), March, Washington, D. C. , 1998).

④ Shanta Pandey, "Assets Effects on Women: A study of Urban Households in Nepal," *Social Development Issues* 25, No. 1(2003): 29 - 46.

⑤ Elizabeth Katz and J. S. Chamorro, "Gender, Land Rights, and the Household Economy in Rural Nicaragua and Honduras," (paper presented at the Regional Workshop on Land Issues in Latin America and the Caribbean, May 1922, Pachuca, Mexico, 2002).

生强有力的影响。因此,必须保障妇女地权,尤其是那些遭受严重歧视、面临巨大灾难(家庭变故或疾病)的妇女土地权益[①]。

2. 农村妇女土地权益流失对妇女社会地位的影响

妇女土地权益流失容易使其陷入一场身份危机,作为农民,她们没有土地,没有生产资料,没有衣食之源,有的甚至连集体成员权也被剥夺,剩下的也许只有一纸农业户口。这种特殊的身份使妇女实际上沦为一种"社会边缘人",在乡村和家庭里沦为没有权益的"二等人"[②],她们在家庭和社区中的地位实质很低,受到来自家庭和社会的各种压力。在一些农村地区,错过村社土地调整机会的婚嫁迁入妇女及其子女暂时无地,这些无地妇女及其家庭有的被称为"黑人""黑户",在社区中被另眼相看,遭受不公平的性别歧视和排斥,不能享受正常合法的选举权、收益权、决策权、继承权等各种权益。土地权益流失也大大增加了妇女的"离婚成本",因为如果不离婚的话,妇女尚可在家有地种,有收入,一旦离婚,她很有可能面临既失家庭又失土地的困境,变得真正"一无所有"。这种现象使得经我国政府长期努力而得以提高的农村妇女社会地位因失地问题的出现而再度降低,同时也强化了农村中的"重男轻女""生女不如生男"等封建思想观念。

3. 农村妇女土地权益流失容易引发一系列社会问题

土地权益流失不仅给农村妇女及其家庭带来经济上的不利后果,而且也容易引发其他一系列社会问题,如失地妇女上访、女童失学、妇女离婚和自杀事件、溺婴事件等,极大地影响到整个社会的安定与和

[①] 克劳斯·丹宁格:《促进增长与缓减贫困的土地政策》,中国人民大学出版社,2007,第3页、第29页。

[②] 陆建华:《中国社会问题研究》,石油工业出版社,2002,第328页。

谐。例如,因受到不公平待遇而发生的大量失地妇女上访投诉事件,全国妇联系统 2003 年就受理农村妇女土地承包、相关财产权益等案件近 9400 次,占全国妇女财产权益类投诉的 56.15%,同比上升 47.26%。还有一些农村妇女因没有赖以生存的土地而被迫离婚自杀,截至 2000 年年底,四川省已有 12 名农村妇女因此被迫离婚,2 名妇女因此而自杀①。在部分以土地为主要生产生活资料的贫困边远地区,生儿生女享受不同的待遇,导致发生多起女婴被溺弃事件,带来了严重的社会问题,也更加剧了我国目前已经失调的人口性别比例②。因此,保护妇女土地权益已成为当务之急,是维护我国社会稳定的一项重要任务。

---

① 全国妇联编《关于进一步解决农村妇女土地承包问题的建议》,2000 年 12 月 14 日,第 3 页。
② 全国妇联权益部:《关于农村第二轮土地承包工作中妇女权益被侵害情况调查汇总》,第 3 页。

第五章 农村妇女土地权益流失的具体表现

改革开放四十年来，中国的农村一直在进行着土地制度的变革。从土地家庭联产承包责任制，到土地反租倒包、两田制、土地流转、"四荒地"拍卖、宅基地有偿使用，再到城镇化进程中日益普遍的土地征收征用、土地股份合作，围绕这一系列改革的土地产权不断被调整、被分化，土地的经济价值及资产收益日趋凸现，由此引发的各种利益博弈与冲突也更加频繁。农村土地承包权分配、征地补偿款分配、集体经济收益分配以及宅基地分配等各个环节，正是当前中国农地制度改革与创新的最主要领域，在不可避免的利益分配中，妇女的相应权利也最易流失。根据我们收集到的妇女土地权益流失案例，其中征地补偿款流失的案例最多，有41件，占总案例的71.93%，其次是土地承包经营权流失案例，占总案例的14.04%（表5-1）。

表5-1 妇女土地权益流失案例

权利流失状态	案例数（件）	占总案例数的比例（%）
土地承包经营权流失	8	14.04
征地补偿款流失	41	71.93
集体经济收益分配权流失	5	8.77

（续表）

权利流失状态	案例数（件）	占总案例数的比例（%）
宅基地分配权流失	3	5.26
其他权益流失	0	0
合计	57	100

资料来源：根据作者实地调查资料统计而成。

第一节　土地承包经营权流失

　　土地家庭承包制是农地制度的核心，土地承包经营权是农民通过承包方式而获得的一种最基本的土地权利，它是指公民和集体经济组织对集体所有或者国家所有由集体使用的土地依法享有的承包经营的权利，具体包括对土地的占有、使用、收益与处置的权利。随着实践的发展，我国的农村土地承包责任制向两个方向演进：一是土地承包期限不断延长。第一轮土地承包期的土地承包期限为 5 年，在 1983 年国家将承包期限延长至 15 年，1998 年又延长至 30 年。二是允许流转。2008 年 10 月十七届三中全会通过的《中共中央关于推进农村改革发展若干重大问题的决定》明确指出："依法保障农民对承包土地的占有、使用、收益等权利。加强土地承包经营权流转管理和服务，建立健全土地承包经营权流转市场。"

　　2002 年颁布的《中华人民共和国农村土地承包法》第六条规定："农村土地承包，妇女与男子享有平等的权利。承包中应当保护妇女的合法权益，任何组织和个人不得剥夺、侵害妇女应当享有的土地承包经营权。"在农村土地承包中,妇女与男子平等地享有土地承包权,这是男女平等原则的重要体现。然而,调查中我们发现,在1984年第一次土地承包时,实行以户为单位的家庭联产承包责任制,侵犯妇女土地权益的现象还很少。而到了1998年,各地在第二次土地延包和调整过程中,则开始逐渐产生侵害妇女土地承包权利的现象。而且,随着土地承包期的不断延长,土地的重要性更加凸现,歧视妇女、侵害妇女土地权益的现象呈现上升趋势[①]。据初步分析,这些侵权现象主要发生在两类妇女身上:一是出嫁女户口迁出土地份额被收回、婆家村已无土地再分,土地承包经营权流失;二是离婚女享有承包经营权的土地不能随户口迁走,土地往往仍依附于前夫,无法单独分出来,如户口移回娘家,娘家所在地也不再分配给其承包土地,导致离婚女失去承包地。如江苏省镇江句容市某村妇女许某,自二十世纪末出嫁至连云港市后户口一直未迁出,许某在男方家也未分配到承包地,在娘家的承包地一直由父母代为耕种。2005年娘家村里土地重新调整,将许某的7分承包土地强制收回,许某向镇妇联和农经部门投诉,村里以没有多余土地为由一直未加以解决。

许某及其他众多农村妇女承包土地权益被侵害的现象,也折射出一个长期以来学术界一直在探讨的问题,即农村集体经济组织成员资格如何确定。对于这一问题,我国现行法律还没有明确的规定,大多数乡村通过制定各自的乡规民约来执行,因而很容易导致在土地承包分配与调整中妇女的权利受到不同程度的侵害。妇女如果发生婚姻变动

①　全国妇联妇女儿童权益部调查组:《土地承包与妇女权益——关于农村第二轮土地承包工作中妇女权益被侵害情况的调查》。

和家庭关系变动时,不管户口是否迁出,便被认为丧失了集体经济组织的成员身份,没有了这种身份,妇女也就不能取得土地承包权等各种权益。有的村庄规定,出嫁女无论嫁到何处,户籍是否迁出,其承包耕地一律被村集体收回,收回的主要原因就是按照村规民约妇女已没有集体经济组织成员资格,不能享受同等村民待遇,这明显是对妇女实行有别于男子的一种歧视性政策。河南省的一些村庄规定,丧偶妇女必须在两年内改嫁迁出,两年内可享受村民同等待遇,超过两年村里将收回发包的土地,取消其一切待遇。青海省西宁市城北区寺台子村在1984年第一轮土地承包时就作出规定:"凡1984年以后出嫁的姑娘一律收回分配的承包地,不批给宅基地。"该决定的效力一直延续到1999年第二轮承包合同签订,其间有41个户口仍在本村的出嫁女的承包土地被收回,由此引发41名妇女联名上访①。

近几年全国各省市开展的农村土地承包经营权确权既为从源头上保护妇女权益提供了契机,但同时也可能成为侵害妇女权益的又一温床。土地承包经营权确权是巩固和完善农村基本经营制度、真正赋予农民合法土地权益的一项重要举措,从2009年农业部在全国选择8个村启动农村土地承包经营权登记首批试点起,目前试点基本在全国全面铺开。农业部最新统计显示,截至2017年7月底,全国确权面积已完成10.5亿亩,约占二轮家庭承包耕地面积的80%,山东、宁夏、安徽、四川4省区已基本完成,全国开展整省试点省份已达到28个,预计2018年年底将基本完成农村承包地确权。江苏省为了顺利实现省政府提出的"一年扩大试点、三年全面完成"的总体目标,2009年起先后

----

① 参见青海省妇联、西宁市妇联2000年7月的联合调查报告。

选择海门、高邮、高淳、铜山、昆山、兴化 6 个县(市、区)作为开展农村土地承包经营权确权登记颁证的试点单位,2015 年年初江苏被纳入全国整省推进的 12 个试点省份之一,所有县(市、区)全面启动了土地确权工作,目前全省绝大多数县(市、区)已完成登记发证、建档入库工作,进入了最后的验收阶段。然而,像任何一次改革一样,土地确权必将触及乡村传统文化和社会性别意识,引发各种矛盾冲突,面临诸多障碍和难题。随着确权工作的不断推进,歧视和侵害妇女土地权益的现象迅速增多,矛盾纠纷日益尖锐,一定程度上制约了确权工作的顺利开展和男女两性平等之进程,迫切需要引起社会各界的关注与重视。具体表现如下[1]:

一是基层干部和农户的性别意识依然淡薄。一些基层乡镇、村组干部、农户思想观念保守,性别意识较为淡薄,认为土地承包方应当是男性户主,只有在无男户主情况下才能填写女性姓名。据有关调查,关于土地登记证上应写谁的名字,78.6% 的农户回答只需要登记户主名字,回答夫妻姓名都应该登记的仅占 16.1%[2],可见多数农户对土地登记中的性别意识也较为薄弱。实际上,只有当妇女被登记为家庭土地财产的共同所有人,其产权才最安全,因为如果妇女名字没有出现在土地登记中,一旦今后发生土地流转交易等行为,交易的另一方可能不会意识到必须征得妇女的同意才能进行,妇女权益易于受到侵害。所以,世界上许多国家均要求妇女被登记为家庭财产的共同所有人。

---

① 张笑寒、倪名彰:《农村土地承包经营权确权中保障妇女权益问题研究》,《山西农业大学学报(社会科学版)》2016 年第 10 期。

② 赵阳,郭沛等:《中国农村土地登记制度试点:背景、实践及展望》,中国农业出版社,2012,第 188 页。

二是缺乏可操作性的保障妇女权益政策规定。在开展农村土地承包经营权登记颁证工作中,各级政府及相关部门先后颁布了许多政策规定,制定了各种操作规程或办法等。但是,一方面,2003 年农业部颁布的《中华人民共和国农村土地承包经营权证管理办法》属于效力层次较低的部门规章,如果实践中产生土地承包经营权矛盾和纠纷,该管理办法也仅是法院的裁判参考而不是裁判依据。另一方面,操作层面上的政策缺失或滞后一定程度上造成实践工作的无所适从,如各级政府出台的暂行办法中大多缺少对妇女土地承包经营权处理的相关内容,有的也只是笼统的原则性规定,由此造成确权中的妇女合法权益难以得到充分保障。

三是地方做法不统一造成妇女权益流失。土地承包经营权登记颁证是在保持现有土地承包关系的前提下,以土地承包合同和承包经营权证书为基础,结合现状调查成果进行,这方面各县(市、区)、乡(镇、街道)的做法基本一致,符合要求。但是,在土地承包经营权的共有人界定上,各地做法存在差异,江苏省海门市主要以农村集体经济组织成员资格为依据来确认共有人,为此还专门制定了《海门市农村集体经济组织成员界定办法》,高邮市则以公安部门登记的户口为主要依据。地方做法的不统一有可能造成一些出嫁妇女在确权时土地流失,因为对于这些妇女而言,户口、土地、集体成员资格三者有时相互分离,而如果其娘家与婆家采取的确权依据不统一,则可能面临土地两头皆失。目前农村妇女的婚迁范围不断扩大,从更高层面统一共有人标准有利于预防妇女由婚迁导致的土地流失现象。

四是实际登记操作欠规范。调查中我们发现,在已颁发的土地承包经营权证书共有人一栏,不少村组只填写共有人姓名、身份证号码等情况,备注一栏空白,仅在乡镇保管的土地承包经营权登记簿上作适当的备注,这种做法有待商榷。因为家庭共有人的变动原因有多种,在证书的备注一栏标注清楚,有利于增加他人对土地共有人的了解,减少农户行使实际土地权利的麻烦。此外,由于登记机关对内容审查不严,登记错误在所难免,如有的土地承包经营权证书和登记簿上的名字不一致,有的证书中内容填写不完整、不规范,还有的实际已发生了土地承包经营权转让、互换等但未办理相应的权属变更登记。这些问题容易给当事人造成不必要的矛盾纠纷和经济损失,加之现行法律又缺乏相应的救济措施,因此亟待规范和完善。

第二节　征地补偿款分配权流失

在城乡接合部的许多地区,征地收益成为农民财产收益的重要部分,由此带来的妇女征地补偿款分配权流失问题,已成为城镇化进程较快地区面临的重要问题之一。与土地承包权不同的是,征地补偿款直接涉及经济利益的分配,因此由其带来的矛盾冲突更加尖锐。例如,安徽省桐城市某村民组位于城乡接合部,村民韩某、朱某等5名妇女出嫁以后,其婚前的土地一直没有收回,而且每年都按规定交纳各种应交税费。2001年,她们所在村民组的土地被征用,村民组获得了土地征用补偿款,几位村组干部和村民代表便制订了一个土地征用补偿款的分配方案,剥夺了韩某等5名出嫁女的分配权利。2005年,又一轮的土地补偿款发放开始了(每人分到4000元),韩某等决心打破沉默要回自己应得的权益,但村组干部以大多数村民反对为由拒绝给付。2005年

6月,韩某等人在北京大学法学院妇女法律研究与服务中心提供的法律援助下,向桐城市人民法院提起诉讼。法院一审判决认为,该村民组分配方案中关于剥夺出嫁女分配权的相关条款无效,村民组应立即支付5名出嫁女土地补偿款,后经法院强制执行,2006年4月韩某等人最终拿到了应得的土地补偿款[①]。

类似的在土地征用过程中侵害妇女权益的案件还有很多(专栏5-1),一些村组在分配征地补偿款时以村规民约为由随意剥夺妇女及其子女的村民待遇,不发或少发补偿款,使妇女及其家庭面临失地、失权、失利等多重困境,由此引发的妇女群体性上访事件频频发生,其引发的负面社会影响十分恶劣。这一问题无论是在落后地区还是在经济发达地区均有发生。上海市崇明区有13个乡镇、49个行政村内发生过"出嫁女"土地补偿金分配的矛盾和纠纷,分别占全县乡镇数、村总数的81.25%和18%[②]。由于全县对土地补偿金的分配,尚未形成一个统一的规范性指导意见,所以不少乡镇和村在具体的补偿款分配过程中各有各的依据和标准,从而容易导致妇女在分配中权益遭受侵害,甚至使她们陷于流离失所的境地。

在我国现有的征地制度问题迭出、改革面临重重障碍的情形下,人们有可能更多地关注怎样保障失地农民整体权益,而妇女这一特殊群体所面临的权益问题很容易被忽视,甚至在有限的征地补偿款分配时,挤压妇女应得的份额。目前在广大农村和城郊地区、开发区周围,征地

---

① 北京大学法学院妇女法律研究与服务中心:《韩某、朱某等5名出嫁女土地征用补偿款纠纷案》,http://www.womenwatch-china.org,2006年9月13日。

② 崇明区妇联:《关于农村"出嫁女"土地补偿金分配的调研》,上海女性网,http://www.shzgh.org/renda/08women/llyj/fnyj/u1a1583495.html,2009年3月11日。

现象经常发生,如何切实保护被征地妇女及其子女的土地权益,也是一个值得探讨和关注的重要课题。

专栏 5-1

湖北"出嫁女"杨秋娥的艰难维权路①

现年 45 岁的杨秋娥是湖北省武汉市黄陂区盘龙城开发区叶店村村民,1982 年参加了村里的土地承包,1992 年,嫁给了附近横店街建华村的刘建国。杨的户口没有迁出,在其名下还有一间 40 多平方米的平房和 0.45 亩责任田,且责任田杨一直在耕种,并负担着应交纳的各项税费。

从 2005 年起,叶店村的土地开始大批被征用,征地单位将征地补偿款和农业人口安置补助费交给了叶店村村委会。2005 年 7 月 13 日,杨秋娥所在的杨家楼子湾(即一个自然村,包括二组、三组两个村民小组)组织两个小组的组长以及 12 位村民代表村民们召开会议,讨论并通过了征地补偿款的分配方案。其中第五条规定:"出嫁的姑娘以'办酒'嫁出之日起,只参加以前的分配,出嫁之日起,后占压的土地不参加分配,凡出嫁女不参加分配。"方案另外规定补偿款的分配按人头和土地两大块来进行,按人头分配的部分即人口安置补助费,以户口为依据;按土地分配的部分即征地补偿款,以各人名下的土地面积为依据。刚开始的时候是人头部分和土地部分各占一半,后来是人头部分占 55%,土地部分占 45%。在方案通过后

---

① 高富强:《湖北"出嫁女"杨秋娥的艰难维权路》,http://blog.sina.com.cn/s/blog_4b423c430100nckh.html,2010 年 11 月 26 日。

的 6 次分配中,杨秋娥分到了土地部分的补偿款,人头部分则一分未得。

在多次找村干部提出补偿要求未果的情况下,2007 年 7 月 4 日,杨秋娥向黄陂区人民法院提出起诉,状告杨家楼子湾村民二组、三组和叶店村村委会,要求法院确认她享有以杨家楼子湾其他农业人口同等待遇参加征地补偿款分配的权利,返还历次人头部分补偿款 24834 元。黄陂区法院的民事裁定是对起诉不予受理,依据是诉讼请求不符合最高人民法院《关于审理涉及农村土地承包纠纷案件适用法律问题的解释》中第一条第三款"集体经济组织成员就用于分配的土地补偿费数额提起民事诉讼的,人民法院不予受理"的规定,应向有关行政部门申请解决。2007 年 7 月 25 日杨秋娥向武汉市中级人民法院提起上诉,要求撤销黄陂区法院的裁定,重新受理本案。武汉市中院的终审裁定是驳回上诉,维持黄陂区法院的原审裁定,理由仍然是最高法解释的第一条第三款。2007 年 11 月,杨秋娥找到武汉市人民检察院申请抗诉,武汉市检察院随后提请湖北省人民检察院抗诉。湖北省人民检察院在审查案情后,认为武汉市中院的终审裁定适用法律错误,于 2008 年 4 月 25 日向湖北省高级人民法院提出抗诉,要求依法再审。省高法在组成合议庭审理完案件之后,认为她的案子不属于人民法院受理民事诉讼的范围,原一、二审裁定适用法律正确,检察机关的抗诉理由不能成立,理由还是最高法解释中的那个第一条第三款。2008 年 11 月,杨秋娥将原起诉请求中的具体金额改成"请求恢复原告享有与其他村民一样的同等权利",并把被告改成了村委会,重新开始了上诉。从区法院到市中院,最后又到了省高院,这一次,省高院的裁定意见是:杨秋娥基于其与集体经济组织之间的土地承包合同,就承包土地被征收后补偿费用的分配问题向人民法院提起诉讼,系平等民事主体间的民事纠纷,属人民法院民事诉讼的受理范围,人民法院应予受理,并指令黄陂区法院审理此案。2010年10月19日,黄陂区法院终于第一次开庭审理杨秋娥的案子,但因村法人代表村委会主任没有到庭,也没有写任何委托文书进行授权,法院只得宣布择日再行开庭。

　　点评:黄陂区法院和武汉市中院在之前的裁定中所援引的最高法解释第一条第三款,实际上是指村民委员会可在相应职权范围内决定用于分配的土地补偿费数额和标准,村民如对此不服,可通过相应行政手段解决。但在本案中,杨秋娥并没有对用于分配的土地补偿费数额提出异议,而是认为其在该村集体组织用于分配的土地补偿费中,应享有或平等地享有分配份额。那么,依照最高法解释第一条"下列事项涉及农村土地承包民事纠纷,人民法院应当依法受理……(四)承包地征收补偿费用分配纠纷"和第二十四条"征地补偿安置方案确定时已经具有本集体经济组织成员资格的人,请求支付相应份额的,应予支持"以及妇女权益保障法第五十五条的相关规定,该诉讼请求人民法院应当依法受理。

第三节 集体经济收益分配权流失

农村集体经济收益是集体经济组织内部成员依法享有的一种权利,除了集体合作医疗、养老保险、子女入托入学等,一般还包括集体非农建设用地流转收益、社区股份合作组织资产收益等。随着农村土地市场化进程的不断推进,许多城郊地区和经济发达地区的村庄,集体资产及相关收益日趋增加,妇女这一群体的分配权流失问题也逐渐暴露。尤其是各地在推进社区股份合作制过程中,股权分配中的性别歧视现象十分突出,主要表现为出嫁女及其子女等不能享受同等村民待遇,集体福利和股份分红权受到严重剥夺。对于众多的农村失地妇女而言,集体股份分红收益已成为她们的一项重要收入来源,但是据 2008 年全国妇联权益部开展的对广东省"农村失地妇女土地及相关权益状况调查"结果,70%的失地妇女满意现在的股权收益方式[①],有 57.4% 的失地妇女对土地入股的前途表示担忧[②]。

在集体经济收益分配权方面,"外嫁女"的权益正成为许多农村地区不得不面临的一大问题。在有些集体经济比较富裕的农村,区域收益的差异而导致一些妇女不愿将自己的户口迁出娘家村庄,集体成员的日益膨胀一定程度上给集体经济分配带来压力,一些村社即以"女嫁

---

① 目前广东省失地妇女的股权收益方式有两种:一是被安排在土地入股的经济组织中就业,且有分红;二是没有被安排就业,但有分红,后者占 85.4%。

② 韩湘景:《2009—2010 年:中国女性生活状况报告(No.4)》,社会科学文献出版社,2010,第 104-106 页。

出、男娶进"的习俗制定规则,通过村民会议决定而拒绝给"外嫁女"平等的村民待遇,对于入赘男子以及子女也是如此。广东省妇联统计数字显示,仅珠三角地区,就有超过 30 万的"外嫁女",她们婚后被取消股份分红和集体福利的占 80% 左右,一些村庄在进行农村股份制改革时,不给予"外嫁女"及其子女股份分红(专栏 5-2)。由于妇女权益保障法没有把"外嫁女"问题考虑进来,保护"外嫁女"权益没有直接的法律依据,加上传统观念和我国司法资源不足等限制,"外嫁女"的权益更是难以通过诉讼途径得到有效保护。针对这一问题,2006 年 12 月广东省委办公厅、省政府办公厅转发了《省委农办、省妇联、省信访局关于切实维护农村妇女土地承包和集体收益分配权益的意见》,强调农村集体经济组织成员中的妇女在土地承包、集体收益、土地征收和征用补偿费使用等方面,享有与男子平等的权利,并重点对解决外嫁女及其子女、离婚丧偶妇女权益问题作出具体规定,从而为切实保障"外嫁女"及其子女的相关权益奠定了法制基础。

专栏 5-2

广东省第一起出嫁女通过诉讼要回土地分红权案例[①]

2001 年 10 月 17 日,广东省珠海市香洲区法院收到了该区鸡山村 25 名出嫁女的诉状,她们状告鸡山村委会剥夺了她们的征地分红权。原告之一梁桂红是土生土长的鸡山村人,1989 年嫁给一个外乡人,但仍然居住在鸡山村,户口没有迁走。1988 年村里的土地全部被征用,村委会用征地款为每个村民存了 2 万元的股份,然后

[①]　金日:《25 名出嫁女状告村委会》,《农业科技报》2003 年 10 月 28 日。

每年向村民发放红利，梁桂红每年能领到1千多元的分红，在当时，这笔红利成了大多数村民的一项重要经济来源。1994年，鸡山村村委会制定了《鸡山村股份合作制章程》草案，其中规定"出嫁女和死亡及办理到港澳台出境定居人员只享受当年的股份分红，股权作废"。梁及鸡山村的出嫁女从此没有了分红资格。1997年，梁的丈夫病逝，家庭经济状况急剧下降，梁向村委会要求要回属于自己的那部分征地分红权，村委会叫她回去等消息。2001年10月，等不到消息的梁桂红和其他24名出嫁女向珠海市香洲区法院提起了诉讼，要求鸡山村村委会付清她们过去的股份分红款，并确认2001年以后的股权。香洲区法院受理后开庭进行了审理，并很快作出了一审判决。法院认为，鸡山村委会制定的《鸡山村股份合作制章程》草案涉及村民的重大利益，但村委会却没有按照法定程序提请村民会议讨论决定，不能作为分配村民利益的依据。况且，这一章程剥夺了妇女在婚后享有村集体财产的权利，违反了《中华人民共和国妇女权益保障法》的有关规定。法院判决鸡山村委会应该付清1999年至2000年的股份分红款2400元给梁桂红，1999年之前的股权因为超出了两年的诉讼时效，所以不受保护。

梁桂红的案子判决后，经香洲区法院调解，鸡山村委会付清了其余24名出嫁女的股份分红款，这些出嫁女随即撤销了起诉。在随后的日子里，鸡山村先后有50多名出嫁女的同样问题得到解决。

第四节　宅基地分配权流失

宅基地是我国农村广大农民重要的财产权利,宅基地所有权归农民集体所有,由集体经济组织成员使用。农民的宅基地使用权往往具有取得身份的特定性特点,即申请人必须是集体内部成员,而且"一户一宅"、无偿取得、长期使用。

相对而言,在农村中妇女土地承包经营权、征地补偿款分配权遭受不公平对待的现象并不鲜见,而宅基地分配权遭受侵害的却不多。但是伴随着土地资源的日益紧张及土地价值的提升,妇女宅基地分配权流失问题正在增多。在城市近郊及经济发达地区,宅基地是一项重要的福利,包含巨大的经济利益,一些村庄在宅基地分配问题上按照男婚女嫁习俗,采取了男女不平等的政策,侵犯了妇女的合法权益(专栏5-3),并且侵权主体往往还涉及地方政府管理部门。如有些村规定男子成年或结婚后可单独立户批一间宅基地,而大龄女青年、户口仍在本村的农嫁居妇女却不能单独立户批房,只能计入娘家或夫家人口。湖北孝感市城郊某村村委会针对本村姑娘不愿外嫁、人口越来越多、土地越来越少的状况,专门制定了针对姑娘户的村规,规定:"居住在本村的农业户口的姑娘户,一律不参加分配土地(包括承包地和宅基地),土地补偿金须在姑娘户迁出户口后方可一次性领取,否则不得参加分配。"这种明显的性别歧视和不公平做法居然还得到了该村大多数村民的默认,使姑娘户的土地权益更加难以得到维护。

我国现行的宅基地产权登记制度一直沿用有父从父、无父从子的传统习惯,妇女的名字很少在宅基地使用证上出现。因而一旦婚姻关系发生变动而必须对夫妻财产进行处理时,只要涉及宅基地及房屋的矛盾纠纷,妇女往往处于劣势,其合法权益容易流失。2007 年江苏省苏州市妇联针对近郊区离婚妇女居住情况展开了一项专门调查,发现200 名离异妇女中 80％无法申请自己的宅基地,只能回娘家借用娘家兄弟房子,或租用亲戚家住房,或在村集体房舍居住。湖北省鄂州市黄冈区某村妇女丁某 2001 年嫁给外村李某,生一子,2008 年因感情破裂双方离婚。在对家庭财产进行分割时,因家庭房屋及所属宅基地是男方婚前取得,属于男方个人婚前财产,没有作为夫妻共同财产予以分割。但是,丁某在娘家的宅基地早已被其兄弟建房占有,已经没有自己的份额,因此她实际成了无家可归者,只能在外租房居住,这种住房和宅基地流失现象在离婚妇女中较为常见。目前,在农村中大部分宅基地是男方婚前因结婚建房而取得,取得的程序或者是以男方个人名义申请,或者是以男方父母名义申请,宅基地的取得以及房屋的建造大都在婚前完成,因而离婚时女方以夫妻共同财产为由主张分割宅基地使用权和房屋所有权的请求一般得不到应有的支持,妇女的相应权益很容易流失。

专栏 5 - 3

一则关于"出嫁女"宅基地分配权的案例[①]

33 岁的宓跃萍,系海宁市海昌街道硖西社区居民,1998 年结婚后户籍没有迁移。丈夫俞某是海宁某公司职工,非农户口,没有享

---

① 王军红:《"出嫁女"也有权拥有宅基地》,《中国妇女报》2007 年 4 月 17 日。

受过福利分房。根据土地管理法第六十二条规定,宓跃萍具备申请宅基地建房的条件,但硖西社区居委会一直不同意上报她的建房申请。2003年,宓跃萍的房屋因为房地产开发全部拆迁,社区建设了新村规划点,用以安排村民的宅基地。所有男性村民的宅基地都得到了落实,可是宓跃萍等女性村民却被告知,要等市里出台有关出嫁女建房的规定之后,再作考虑。为此,宓跃萍直接向海宁市政府提出建房申请。2005年12月8日,市政府在上级政府的督促下,作出了书面答复:应向户口所在地的居委会提出,再逐级上报。硖西社区居委会却认为,《海宁市城市规划区(居)民自建房拆迁补偿安置的若干规定》规定,在城市规划区内自发文之日起停止审批居民建房申请,此后他们没有接到过可以上报的通知。2005年8月29日,宓跃萍向海宁法院提起了行政诉讼,但于同年11月28日被法院驳回。宓跃萍提起上诉,她认为,她是申请建房用地,《海宁市城市规划区(居)民自建房拆迁补偿安置的若干规定》不能适用于她。而且,该规范性文件有着例外规定"被拆迁户所在村原规划的新村点已在建设的,在该新村点中安排"。因此,即使按照该规范性文件,她的建房用地申请也应该得到批准。嘉兴市中院经过公开开庭审理,最后作出终审判决,认定硖西居委会作出的答复证据不足,撤销一审判决,并判令居委会判决生效后一个月内重新做出具体行政行为。

第六章　农村妇女土地权益流失
问题的多维考察

　　随着城乡社会经济的快速发展,"半边天踩不着半边地",农村妇女土地权益流失现象已愈演愈烈。妇女土地权益问题具有诸多根源,城镇化进程中土地等重要资源的贫困状况、家庭承包制的制度安排、集体经济组织成员权的获取、村民自治和乡规民约等非成文制度的作用,以及妇女自身的认知和参政意识等,这些因素分别从不同维度影响着农村妇女土地权益的取得、分割、继承和侵权救济,因而需要分别对它们的内在影响机理加以具体解析。

第一节　资源贫困与妇女土地权益流失

　　土地是重要的生产资源和生活要素,中国的土地资源稀缺问题因人口增长和城市化建设正日趋严重。原国土资源部公布的 2008 年全国土地利用变更调查结果显示,截至 2008 年 12 月 31 日,全国耕地面积为 18.2574 亿亩,比上一年度净减少 29 万亩。这已经是耕地面积第 12 年持续下降,与 1996 年的 19.51 亿亩相比,12 年间,中国的耕地面积净减少了 1. 2526 亿亩。中国人均耕地仅为 1. 38 亩,约为世界平均水平的 40%,且耕地质量总体偏差,水土流失、土地沙化、土壤退化、"三废"污染等问题严重。

一方面是土地资源、耕地面积在不断下降,另一方面中国的人口数量却在与日俱增。国家统计局官方统计结果显示,截至 2017 年年底,中国人口总数达到 13. 90 亿人,人口自然增长率为 5. 32‰,其中,城镇和乡村人口数分别为 8. 13 亿、5. 77 亿,分别占总量的 58. 49% 和 41. 51%。人口数量的增加与耕地面积的减少加剧了农村土地资源的稀缺程度,也导致人地关系更加紧张,现实矛盾更加突出。现阶段中国还没能建立起一套健全的农村社会保障制度,农民承包的土地既要担负着经济收益功能,又被赋予了基本生活保障和财产收入等职能,是他们安身立命之本,因而他们十分珍视具有多重保障功能的土地资源。一旦涉及村组内部集体土地资源分配和土地权益调整,在"土地资源稀缺"这一根本限制下,为了尽可能地保护现有集体经济组织成员的资源分配权利,村庄总是尽可能地排斥"非集体成员"拥有土地,因而出嫁女、入赘者、离异妇女和丧偶妇女等弱势群体首当其冲成为被排斥、被侵害的对象。

实践证明,越是土地等资源稀缺和贫困的地区,对土地的争夺越激烈,妇女等弱势群体的权益越容易受到侵害,从而成为利益分配中的牺牲者。为了维护村子里大多数人的利益,一些地方便以集体的名义制定了限制妇女婚嫁和落户的村规:凡是家里有儿子的,女儿结婚必须迁移到男方所在地落户;如果男方到女方家落户,当地派出所不予上户口,村委会连女方原有的土地也要收回;农嫁非者无论户口是否迁出,一律不分给责任田①。可见,当男婚女嫁与集体的稀缺资源及利益分配发生联系的时候,婚嫁就开始被制度化,在这制度化过程中,妇女的土地权益首当其冲。

在许多农村妇女中,还有相当一部分人群在村庄原本就没有获得土地或者只获得很少的土地,生活条件甚为艰苦,有的还遭遇家庭解体的困境,这时的土地也许是她们最后也最可靠的基本生存保障。但是一旦连这最基本的生存保障都无法得到的话,这些妇女只能陷入更加贫困的边缘境地,成为土地资源贫乏的绝对受害者。所以,从逻辑上分析,资源贫乏导致分配的不平等,而分配不平等加剧了妇女的贫困状况,在一个农业女性化特征较为明显的国家和地区,妇女的贫困化将不利于资源的可持续利用和农业的稳步增长,不利于农村社会的和谐发展,而且更有可能进一步加剧资源的贫困化程度,这种恶性循环的趋势应当引起足够的重视。

不过,客观地看,尽管资源贫乏是导致妇女土地权益流失的一大成因,但并非必要条件。在世界范围内,有许多国家和地区的人均资源拥有量十分有限,如日本、英国等,但这些国家和地区的妇女土地权益保障程度很高。一方面,或许是这些国家和地区的社会保障体系建设较为健全完善;另一方面,也与他们一贯重视两性权利之平等,在保护妇女权益方面切实采取了许多强有力的措施等有关。所以,在维护中国农村妇女土地权益的实践中,我们应该善于借鉴其他国家和地区的成功经验,取长补短,才能真正达到预期的目标。

---

① 金一虹:《资源分配与性别权利》,载李慧英《社会性别与公共政策》,第116-117页。

第二节　农地制度与妇女土地权益流失

资源贫乏对于妇女土地权益流失而言,是一种客观形成的因素,相对而言,以土地家庭承包为主体内容的中国农地制度对妇女土地权益流失的影响作用也许更值得我们深思,而且这些不断创新变革的制度设计在某种角度看来已经产生了明显的绩效,呈现出一种制度的进步,但从性别视角看,这些制度及其具体条款等仍然存在某些缺陷,有待于更科学与合理的设计和创新。

一、土地家庭承包制与妇女土地权益流失[①]

1. 制度设计缺乏性别视角

传统的社会和文化赋予男女两性不同的群体特征和行为方式,所以每个人都具有社会性别。在长期的历史发展过程中,社会规范总是以男性价值为标准而形成,并逐渐得到国家和法律的认可,成为男性统治社会的一个重要手段,使女性在政治、经济、文化领域以及家庭内的边缘化和从属地位合法化[②]。中国的法律政策也许在立法上并非有意歧视妇女,但由于缺乏社会性别视角,法律在实施过程中会给不同社会性别的人带来不同的利益,因而使很多看似公平的法律条款,无法保证妇女对土地的实际占有、使用和收益,因而实质上仍然不平等。

农村土地承包法第三十条规定:"承包期内,妇女结婚,在新居住地

---

① 张笑寒:《农村土地家庭承包制度的性别视角反思》,《江西财经大学学报》2013 年第 2 期。

② 陈敏:《从社会性别的视角看我国立法中的性别不平等》,《法学杂志》2004 年第 5 期。

未取得承包地的,发包方不得收回其原承包地;妇女离婚或者丧偶,仍在原居住地生活或者不在原居住地生活但在新居住地未取得承包地的,发包方不得收回其原承包地。"实践中,当妇女在承包期内结婚时,其新居住地的发包方村社集体可能以此规定为借口,认为只要该妇女在新居住地未取得承包地,即能维持原承包地,所以拒绝在新居住地为嫁入女重新调整和分配承包地。在这种情况下,如何保护出嫁妇女在迁居他乡之后依然拥有和行使其在原居住地的土地承包经营权就显得十分重要。正如学者李平所言,结婚、离婚妇女要切实享有原住地的承包经营权,必须有两个条件:一是集体不得收回,二是能够对原家庭的承包地进行分割。对于前者,法律作了明确规定,但对后者,法律保持沉默,所以婚嫁妇女将很难声张其在父母家庭中的土地权利,因为这意味着与其他家庭成员"争权夺利"①。实际上,即使她们能够继续拥有原住地的土地,对于嫁入他乡的妇女而言,其新住地与原住地之间的距离也将成为她们有效行使这一权利的障碍,因为这些妇女一般无力顾及娘家的承包土地,或者说继续保持拥有这一份原住地的土地的成本代价太大。所以,立法者应当兼顾外嫁妇女的实际状况和权利的可操作性,要具有一定的性别敏感性,更多地从社会性别视角来进行立法。

2. 以户为单位的承包方式存在缺陷

在中国现行的法律制度设计上,一般强化"农户"权利的整体性,忽视家庭成员个人权利的独立性,如民法通则基于农户在农村经济发展中特殊的地位和作用,将"农户"确定为不同于自然人和法人的一种独

---

① 李平:《〈农村土地承包法〉与农村妇女土地权利》,载乡镇论坛杂志社《农民土地权益与农村基层民主建设研究》,中国社会出版社,2007,第317-318页。

立民事主体。农村土地承包法将农户确定为农村土地承包经营权的主体,再次凸显了"农户"的法律地位。有调查结果显示,第一轮土地承包中按照户籍人口来平均分地的"户籍规则"的确使农村妇女普遍获得了平等的承包地分配权,较好地贯彻了男女平等的法律原则。陕西、甘肃、青海、四川等省的典型调查未发现妇女不分配或者少分配耕地的案例,只有在西北和东北的个别地区采取了"女劳动力和男劳动力有差别地承包集体土地"或者按"预测人口"分地的办法①。

然而,尽管以户为单位的承包制度设计体现了农村家庭的经济属性和保障功能,但往往容易忽视家庭内部妇女个体的合法权益,"家庭"反而可能成为户内成员个人权利实现的一个障碍,加之妇女土地权利取得的依附性和不稳定性特征,其土地权益更易流失。

(1)家庭承包方式下妇女土地权利取得的依附性较强

Cecile Jackson 认为,权利可以通过直接方式如遗传、购买和租佃等取得,也可以通过依附特定的关系如婚姻关系和血统关系这些间接(或次级)方式取得②。从中国的乡土社会看,绝大多数的家庭是以男性、夫权为中心,妇女的土地权利取得具有较强的依附性特征。因为在家庭承包制度下,妇女的土地权利依附于与男性家庭成员的亲缘或姻缘关系,当家庭稳定的时候,家庭是一个利益共同体,妇女的权利具有较强的保障;而当妇女发生婚姻关系变化时,她与男性户主和其他家庭成员之间的利益开始分化,权利的依附基础逐步丧失,权利本身也更容易流失。现实中许多离婚或丧偶妇女的土地权利流失事例足以说明这

---

① 王景新:《中国农村妇女土地权利——意义、现状、趋势》。

② Cecile Jackson, *Environmental Reproduction and Gender in the Third World*, *People and Environment* (Vancouver: University of British Columbia Press, 1995), pp. 115 – 127.

一问题。

（2）家庭承包方式下妇女的土地权利具有不稳定性

在对沿海一些省市的农户调查中我们发现，绝大多数村庄在土地承包时发包方与农户签订了土地承包合同，发放了土地承包经营权证书，这说明土地家庭承包制在这些地区普遍落实得较好。但是，当妇女在回答"你家的土地承包合同和承包权证书上是谁的名字？"这一问题时，有82.5％的人回答是承包合同上男方签字，88.9％的人回答承包权证书上是男方名字（表6-1）。在与村干部交谈中我们得知，由于现行法律政策未强调将夫妻双方的名字都记入土地承包合同和经营权证书，所以大多数村庄在签订承包合同时一般只要求户主签字，承包经营权证书也只列出户主姓名，而且大多数是男户主的名字，很少有妇女的名字[①]。这种状况反映出妇女土地权利的不稳定性，因为证明农户家庭土地权利的文件上只有男性户主的姓名和签字，所以妇女不仅在名义上而且在实质上都缺乏直接支配土地资源的权利，户主完全有可能在不与家庭其他成员商量的情况下，擅自将作为家庭共有财产的家庭承包地流转出去，侵害妇女的土地权益。这是家庭因素所带来的妇女权利的不稳定性，再加上来自村组集体等外部因素所造成的土地调整，妇女权利的不稳定性表现得更加突出。

---

① 有的农户因在承包合同签字时男方外出打工不在家而由女方签字，但在颁发承包权证书时，除特殊情况外，一般仍以男方户主名字为主，所以合同签字时妇女的比例要稍高于承包权证书上的妇女比例。承包权证书上妇女成为户主的情况主要是丈夫为非农业人口的"女户"，或者是离异、丧偶或单身妇女。

表6-1 妇女回答"你家的土地承包合同和承包权证书上是谁的名字?"

答案选项	土地承包合同上的名字		承包权证书上的名字	
	人数(人)	比例(%)	人数(人)	比例(%)
男方	231	82.5	249	88.9
女方	49	17.5	31	11.1
总数	280	100	280	100

(3)家庭承包方式下婚嫁妇女的土地权益更易流失

对于农户家庭内部的妇女个人而言,以户为单位的土地家庭承包方式对她们的土地权益构成了一定的威胁,尤其是婚嫁妇女。按照现行法律规定,妇女作为家庭成员之一,不管是未出嫁女还是妻子等,在以农户作为承包主体的制度前提下,只要具有集体经济组织成员的资格或身份,都有权利通过家庭获得土地承包权份额,成为土地的承包主体。在家庭人口不发生变动的时候,这种承包方式并无太大问题,但是一旦人口发生流动,要将个人的土地权利从家庭剥离时,这种个人财产权利与家庭土地分配制度间的冲突就会显现出来[1]。因为土地承包经营权的主体是"农户",大多数妇女个体的土地权利隐没于家庭之中。当妇女出嫁时,传统习俗中并没有妇女因婚嫁而分田的做法,或者即使将土地承包权分割给了出嫁女,由于不动产的特性,她也很难继续在其上从事农业生产。况且大多数出嫁女出于亲情考虑而不得不放弃自己

---

① 田传浩、周佳:《农地制度、农地市场与妇女土地使用权》,《中国农村观察》2008年第5期。

的土地份额,由娘家其他成员占有和使用①。所以,这种土地权益实质上只是难以实现的一种名义上的权利,大部分妇女对土地的占有、使用和收益等权利基本丧失。

3. 重效率的政策倾向使妇女土地权益易被剥夺

农村土地承包法以立法形式明确要求耕地承包期 30 年不变,并要求发包方在承包期内不得收回、调整承包地,其立法意图不仅在于强化农户土地承包权,巩固农户家庭承包经营的市场主体地位,而且也希望通过增强农户对承包土地的信心和预期来增加土地的投入,提高土地产出效率。实际上,在二十世纪末就已提倡的"大稳定、小调整""增人不增地,减人不减地"的农地政策目标也是赋予农户一种长期稳定的土地承包权利,突出政策的效率意图,农村土地承包法则进一步强化了这种倾向。

学者王士海和刘俊浩指出,承包权稳定能否影响农业的绩效,很大程度上取决于农业的比较效益,新农地制度的效率意图能在多大程度上得以实现还是值得怀疑的,因此要对新农地制度的政策倾向进行一定的调整②。根据他俩的测算,以 2000 年的数据为基数,在今后 20 年

---

① 根据我国民法中已有的规定,对于妇女结婚时原承包地的处理,有三种共有物的分割规则可以选择:第一种,如果所承包土地在分割后无损于其经济价值,则可按承包户各成员的份额进行分割,已婚妇女取得其应得份额;第二种,承包地的分割会减损其利用价值的,如其他成员愿取得承包地,则可把承包地作价,除自己应得份额外,按份额补偿该妇女,从而取得全部承包地的承包经营权;第三种,如其他成员不愿取得承包地,则可将承包地转让,各成员依各自份额取得转让价款。这三种法律方案本来公平合理,但在实际操作中,原承包户成员会利用各种手段,迫使出嫁妇女接受第二种方案,从而通过损害该妇女之利益的手段达到"肥田不落外人手"的目的。陈小君、麻昌华、徐涤宇:《农村妇女土地承包权的保护和完善——以具体案例的解析为分析工具》。

② 王士海、刘俊浩:《对新农地制度政策倾向的反思》,《中国农村经济》2007 年第 12 期。

要进入婚龄的妇女(0～25岁)现在人数约为2.3亿,按70%比例估算,农村妇女约为1.6亿。这就意味着,如果严格执行新农地制度,将会有1.6亿农村妇女失去土地承包权,即使考虑转向城市等原因脱离农业的占二分之一,也将有0.8亿妇女失去土地承包权,这必然会造成严重的社会问题。这一结论尚待进一步的论证,笔者比较认同该学者提出的另一种观点,即新农地制度可能造成的社会后果之一是农村妇女尤其是出嫁女的土地承包权也存在被剥夺的风险。因为随着农村土地承包法的贯彻执行和"增人不增地,减人不减地"政策的落实,如果村庄在30年内采取不调整土地的做法,也就意味着将有更多的出嫁女不能在新居住地获得承包土地,从而只能依赖于在其原居住地声张土地权利,而这一点往往很难真正地实现。因此,未来农地制度与政策的制定不仅需要立足于效率和公平等目标,还应当更多地站在性别视角来考虑政策的倾向性。

二、土地流转制度与妇女土地权益流失

现行法律规定,农户有权将其土地承包经营权采取转包、转让、出租、入股、互换等方式进行流转。但值得注意的是,如果处理不当,土地流转也可能成为村组集体和农户家庭侵害妇女土地权益的又一途径。

一方面,村组集体在土地流转中对妇女权益的侵害。在二十世纪九十年代,农地流转只是零星地发生在少数农户之间,数量和规模相对较小,涉及对妇女及农户的权益侵犯现象很少。近年来各地农地流转的数量、规模和涉及的农户等都明显增加,各流转主体间的权益关系越来越复杂,在此过程中,妇女等弱势群体的权益也越发难以保障。如在许多城郊和经济发达地区出现的土地股份合作制,由于现行法律法规对合作组织内部管理缺乏规范和约束,所以合作组织在股东资格确立、股权划分、收益分配过程中主观随意性大,妇女尤其是"外嫁女"的相关权益容易被侵害,广东珠三角等地频频发生的"外嫁女"上访事件充分证明了这一点。

另一方面,农户家庭在土地流转中对妇女权益的侵害。在目前农村中大量男性劳动力向非农转移的情形下,妇女已成为农业生产中的主要力量,但是妇女在家庭中的地位并未得以提高,在家庭承包的土地流转时做出决策的主要还是男方,甚至有时是在妇女根本不知情的情形下由男方擅自作主将承包土地流转了出去。据狄金华的农户调查,在土地流转中妻子单独作决定的农户比例只有 3.5%,丈夫单独作决定的有 39.1%,夫妻双方共同决定的有 54.8%,妇女的土地流转决策权明显小于男性[1]。究其原因,在于现行法律给予了广大农户自由的土地流转权利,却忽视了农村中"男主女从"等传统家庭结构对妇女权益的不利影响。如农村土地承包法规定了土地承包合同和流转合同的要件,规定有承包方户主或流转双方当事人的姓名和签字,但没有规定在流转合同中必须要有配偶的名字和签字。在大多数农村地区,承包方代表一般是家中的男性户主,流转的双方当事人便主要是男性,妇女虽然身为家庭共有财产的权利人之一,但很可能被完全排除在当事人之外,处于失语甚至是失权的境地,从而实质上造成了对妇女的一种家庭内侵权行为。

在土地流转过程中妇女的权益容易遭受侵害,而当流转发生之后,妇女所面临的一些问题也不容忽视。一方面,离开了土地的妇女在寻

---

① 狄金华:《土地流转中女性权益的社会学研究——对米村和石村的调查与研究》,硕士学位论文,华中农业大学,2004,第 32 页。

找新的就业机会时，由于体力等生理素质的差异，她们获取就业机会的可能往往要小于男性，而且在就业中"男女同工不同酬"的现象经常发生，使妇女在土地之外往往又面临就业的性别歧视问题。所以，消除性别歧视是一个全社会的共同任务，不仅仅体现在解决土地这一问题上。另一方面，土地流转以前，妇女大多在家庭从事家务劳动和简单的农业生产，生活在有限的"熟人社会"里，扮演的角色较为单纯；土地流转以后，妇女脱离了土地而进入一个全新的外部环境中，既要照顾家庭还要面临激烈的就业竞争和压力，扮演着多重角色，所以在新的环境中容易产生妇女的角色失调问题[1]，这种现象足以引起政府和学者们的重视。

三、征地补偿制度与妇女土地权益流失

依据《中华人民共和国土地管理法》第二条规定："国家为了公共利益的需要，可以依法对土地实行征收或者征用并给予补偿。"第四十七条规定："征收土地的，按照被征收土地的原用途给予补偿。征收耕地的补偿费用包括土地补偿费、安置补助费以及地上附着物和青苗的补偿费。"近年来，随着城镇化进程的不断加快，大量农地转为城市建设用地，许多地区开始按统一年产值标准或区片综合地价补偿，并为被征地农民建立某种形式的社会保障，农民的征地补偿收益有了很大的提高，并成为农民财产收入的重要部分。然而在征地过程中失地农民的权益问题也与日俱增，征地单位、地方政府、村社集体经济组织、农民等因征地而引发的各种矛盾纠纷日益尖锐，有的甚至上升为暴力冲突。我国至今尚未有一部统一的土地征用法典，相关的规定大多散见于各种单行的法律法规之中，由此造成对征地行为缺乏强制性的规范约束，失地

---

① 　狄金华：《土地流转中女性的地位与权益》，《妇女研究论丛》2005 年第 1 期。

农民的合法权益也容易受到侵害,征地制度亟待改革完善。

根据《中华人民共和国土地管理法实施条例》第二十六条规定,土地补偿费归农村集体经济组织所有,地上附着物及青苗补偿费归地上附着物及青苗的所有者所有,征用土地的安置补助费根据不同情况,支付给农村集体经济组织、安置单位、被安置人员个人。至于土地补偿费是留给农村集体经济组织使用,还是进一步在本集体经济组织成员之间进行分配,2005 年 9 月 1 日起施行的《最高人民法院关于审理涉及农村土地承包纠纷案件适用法律问题的解释》(法释〔2005〕6 号)作出了具体规定,"农村集体经济组织或者村民委员会、村民小组,可以依照法律规定的民主议定程序,决定在本集体经济组织内部分配已经收到的土地补偿费。征地补偿安置方案确定时已经具有本集体经济组织成员资格的人,请求支付相应份额的,应予支持"。

按照上述法律规定,征地补偿款应当优先用于被征地农民的农转非安置及社会保障等项费用,剩余部分由被征地的农村集体支配。那么,究竟谁有资格参与土地补偿款的分配?哪些农民个体能够进入安置补助的范围?现行征地制度无论是在理论上还是在实践上都存在一些似是而非的东西,由此造成了征地补偿的不足以及这些补偿在农民集体内部的分配不公,使征地补偿面临"寡"与"不均"并存的局面[①]。实践中,在本集体经济组织内部如何分配土地补偿费,各地的做法五花八门,其中,大多数村组在分配征地补偿款时是通过村民代表大会或者村委会会议来形成决议或分配方案,这些村规民约往往只把本次失地农户列入征地补偿款的分配范围,而将外来人员、出嫁女、入赘男等其

---

① 王修达:《征地补偿安置中的寡与不均》,《中国农村经济》2008 年第 2 期。

他群体排除在外。因为在村组获得的征地补偿款一定的情况下,参与分配的群体人数越多,对集体原有成员便越不利,因而已婚妇女及其子女等特殊群体便成为首先被排挤和被侵犯的人群。尽管这些村规民约明显含有性别歧视条款,却为大多数村民所认可。笔者认为,这种做法即使经过了法律规定的集体民主议定程序,其内容也是违法的。因为,任何一位具有村民资格的人,都有权作为集体所有者的成员参与土地补偿费的分配。土地补偿费的分配对象范围法律已明确规定,不应在民主议定之列。

征地补偿款分配中的性别不平等问题还容易被同时存在的失地农民权益问题所掩盖,所以更难以引起政府和学界的高度重视。根据2008年全国妇联权益部在湖南、陕西、江苏、浙江四省的抽样调查,有23.9%的失地妇女没有拿到征地补偿款,其中99.3%是农业户口,且本村(指被调查的村)农业户口占98.6%。而且,在没有获得征地补偿款的妇女中,79.3%的人是初婚,9.3%的人是丧偶,配偶是本村农业户口的占67.2%,是非农业户口的占25.6%[①]。这些说明即使妇女自身或者配偶拥有本村的农业户口,也无法获得村里的征地补偿款,很明显这是对失地妇女土地权益的一种剥夺和侵害,而且这些问题不仅发生在经济发达地区,在经济欠发达地区也存在。现实中农村失地妇女征地补偿款权益的流失问题已非少数,究其原因,不仅仅是现行征地补偿制度本身的缺陷所致,还有其他法律政策、非成文制度等因素的作用,所以,保护征地过程中失地妇女的土地权益,既要加快改革我国征地补偿制度进程,还需要对相关配套制度加以改革。

---

① 韩湘景:《2009—2010年:中国女性生活状况报告(No.4)》,第89-101页。

第三节　村民自治与妇女土地权益流失

一、村民自治制度概述

村民自治是宪法赋予我国全体农村村民的一项基本社会政治制度,它发端于二十世纪八十年代初期,伴随着人民公社体制的解体而迅速普及,成为具有中国特色社会主义的农村基层民主制度和农村治理的一种有效方式,是中国民主政治体系的"神经末梢"。按照村民自治原则建立起来的村民委员会是村民自我管理、自我教育、自我服务的农村基层群众性自治组织,它实行民主选举、民主决策、民主管理、民主监督。2010年新修订的《中华人民共和国村民委员会组织法》使村民自治获得了更全面的法律支持和保障,并以国家法律的形式具体确立了村民自治的内容、组织形式、村民委员会的选举、民主管理等,成为农民群众实行村民自治重要而可靠的法律保障。

目前,全国绝大多数的村民委员会建立了村民会议、村民代表会议和村务公开制度,制定了村民自治章程或村规民约,建章立制实施民主管理。这些体现大多数村民共识的约定和村民利益表达的所谓民间法是相对于国家法而言的一种民间社会规则,尽管在形式上属于非正式制度的范畴,但它们在内容上往往涉及乡村社会生活的诸多方面,有的甚至超出了正式制度所规划的范围,创造出一个不同于正式制度的秩序空间,受到众多村民的普遍认同,因而在效力上可能先于法律而优先被适用。"在国家法律之外,村一级最具正式意味的规范无疑是村规民约、村民会议的决议①。""村规民约的重要性要远远大于其他类型的习惯法②。"在这个意义上,中国乡村社会的村民自治已经远远超出了资本主义国家基层社会的社区自治,具有十分重要的社会经济意义。

二、村民自治背景下妇女土地权益流失问题③

现代社会中尽管中国农村传统的婚嫁制度、继承制度、姓氏制度等封建制度已经消灭,但长期以来"从夫居""养儿防老""子承父业"等歧视妇女的习俗观念依然存在,且仍然对绝大多数地区的村规民约、村务管理制度产生不同程度的影响,成为实现男女两性平等的重要障碍。这一点在当前农村土地分配、继承中已有体现。土地是村庄延续最重要的资源,中国农村人口过密,土地资源稀缺,人地矛盾突出,现有的土地家庭承包制、征地补偿制度、宅基地分配制度等国家法在制度设计上缺乏一定的性别视角,妇女在土地分配上常常处于被动地位。而村民自治章程、村民会议决议等村规民约是开展村民自治的基础和依据,是村民参与各项村务活动的基本准则,然而由于缺乏严格的审查机制,有些村庄制定的村规民约往往出现歧视妇女的条款,规定婚丧嫁娶妇女不能享有同等的村民待遇,对妇女土地权益进行"有根据"的侵犯,村民自治反而成为侵害妇女权益的挡箭牌。如有的村社规定农嫁居等妇女不分给土地,或只解决口粮田,不分给承包田。在村民自治背景下,这些村庄对婚嫁女、离异女、招婿女等特殊群体的土地分配处理意见往往

---

① 王铭铭:《乡土社会的秩序、公正与权威》,中国政法大学出版社,1997,第431页。

② 梁治平:《清代习惯法:社会与国家》,中国政法大学出版社,1996,第18页。

③ 张笑寒:《村民自治背景下农村妇女土地权益流失问题研究》,《中国土地科学》2012年第6期。

是以村民会议或村民代表会议的形式而形成,且遵照"少数服从多数"的原则被大多数村民所接受。

此外,在村民自治背景下妇女土地权益的侵权主体更多地表现为村组集体而非个人,使得妇女土地权益纠纷案件处置起来十分困难。据统计,2008年江苏省妇联共收到妇女上访事件219件,其中关于土地权益方面的共有22件,约占10%。在这22起上访事件中,侵权主体是村组集体组织的有18件,大多数表现为村组在征地拆迁、土地分配调整过程中侵害妇女的土地权益,且受到侵权的妇女人数有时达到数人;而侵权主体是家庭或者个人的只有4件,主要是家庭成员发生变故、建房和宅基地纠纷等原因。后者大多出于家庭内部或邻里之间关系处理不当而成,带有一定的个别性,这些纠纷一般在村组内部或乡镇政府的干预协调下基本就得到了处理。值得注意的是,以村组集体经济组织为主体的土地侵权事件往往会造成一群妇女群体的权益受到侵害,涉及面广,而且大多数是在村规民约、村民自治制度背景下发生,妇女的维权行为难以得到外界的支持。一些基层法院以征地补偿款分配纠纷的实质是村民集体组织成员资格的认定问题而非民事纠纷为由,对妇女上诉案件不予受理。而另外一些案件虽然得到立案并胜诉,却不是由于村组的征地补偿款已经分完而无法执行,就是遇到来自基层村组的阻力,处置难度较大,其不良社会影响也较广。

三、村民自治背景下妇女土地权益流失的成因

不可否认,现行基层村庄村民自治制度的存在及其所具有的效力,已为一些地区村民集体侵害妇女土地权益提供了空间,有时更将侵权行为披上了"合法"的外衣。具体而言,现行村民自治制度造成妇女土地权益流失的主要原因在于:

1. 村规民约与正式制度间的冲突难以调和

现实中的乡村生活是具体而多种多样的,每一个村庄会从其内部自发生长出许多规则,调节着村庄共同体的正常运转,而国家法律和制度在遭遇多样化的乡村生活时有时会陷入困境。目前,尽管我国的宪法、妇女权益保障法、物权法、婚姻法、农村土地承包法等法律都力求保障农村妇女的平等土地权益,但是按照新修订的村民委员会组织法第二十七条的规定:"村民会议可以制定和修改村民自治章程、村规民约,并报乡、民族乡、镇的人民政府备案。"实质上法律又赋予了村庄自治的权力,赋予了它以不同于正式制度,甚至与正式制度相抵触的村规民约来调配集体土地及其收益分配的权利,村规民约在村民自治背景下成为村民自我管理的合法方式。一些村庄制定的村民自治章程和村民决议带有明显的歧视妇女条款,却因为是被大多数村民所认可而具有了法律效力。因此,在一个个村庄共同体中,正式制度与村规民约发生碰撞,冲突难以避免,村规民约大于国家法律的现象常常发生,妇女土地权益便容易遭受各种不同程度的侵害。

当然,新修订的村民委员会组织法第二十七条同时还规定:"村民自治章程、村规民约以及村民会议或者村民代表会议的决定不得与宪法、法律、法规和国家的政策相抵触,不得有侵犯村民的人身权利、民主权利和合法财产权利的内容。村民自治章程、村规民约以及村民会议或者村民代表会议的决定违反前款规定的,由乡、民族乡、镇的人民政府责令改正。"但是,在如何确保村规民约不得与法律相抵触、不得侵犯村民权利方面,法律没有作具体的解释说明。此外,如果发生村规民约违反法律的现象,依赖于当地乡、民族乡、镇的人民政府责令改正,其效果能否显著我们也不得而知。

2. 基层政府对村民委员会的土地自治权利缺乏行政约束

村民委员会组织法第五条规定,乡、民族乡、镇的人民政府对村民委员会的工作给予指导、支持和帮助,但是不得干预依法属于村民自治范围内的事项。因此,实践中有些村庄村民委员会的行政权力过大,各级政府对其缺乏较强的行政约束力,以至于当基层政府面对各种妇女侵权案件时,缺乏有效的处理机制和化解途径,使村民自治过程中侵害妇女土地权益的现象日益严重。

从权利关系方面看,自1997年村民自治制度实施以来,建立于广大村民的选举和授权基础之上的村民委员会成为处理村庄事务的最高机关,有权管理本村属于村农民集体所有的土地和其他财产。基层政府与村民委员会之间关系由上下级变成指导关系,基层政府在处理村民自治范围内的内部矛盾时,行政权无法对抗村民自治权,政府对村庄的干预手段是说服、协商、调解,而不具有强制执行的权力。甚至有时候为了便于上级安排的工作任务在乡村的落实,基层政府对于一些明显与法律法规相抵触的村委会做法采取默认的态度,并未施加必要的行政手段来加以制止。所以,尽管近年来国家一再强调在农村土地承包、征地补偿款和集体福利分配等过程中不能侵害妇女的合法权益,但一些地方基层政府的消极态度或行政不作为现象仍有发生。基层乡镇政府是国家正式制度渗透到农村的行政组织,也是妇女首选的寻求支持与帮助的庇护所,一旦连这样的依靠都失去的话,她们的合法土地权益又如何能够保障?

面对各种侵害妇女土地权益的现象,"不干预村民自治范围内的事项"并非意味着不管不问,在政府行为的边界线之外,政府应当积极作为。新的村民委员会组织法第二十七条规定:"村民会议可以制定和修改村民自治章程、村规民约,并报乡、民族乡、镇的人民政府备案。"所以,村民自治权应是有限度而非绝对的权利,乡镇政府虽然不能干预村规民约的制定过程,但如果村规民约的内容违反了法律规定,侵犯到妇女等少数弱势群体的合法权益,超出了村规民约可以约定的内容,乡镇政府就应该起到审核和纠错的干预作用。只备不管、放任自流的做法,是政府的失职。按照村民委员会组织法第二十七条第三款:"村民自治章程、村规民约以及村民会议或者村民代表会议的决定违反前款规定的,由乡、民族乡、镇的人民政府责令改正。"这说明当乡镇人民政府面对"村规民约"与国家法律冲突之时,拥有"责令改正"的权利和义务,毫无疑问,此举对于权益流失的农村妇女而言意义重大。

3. 土地权益分配中集体成员资格的认定主要取决于村规民约

大多数村庄对妇女土地权益的侵害,来自对集体组织成员资格认定的权力不是掌握在国家法律制度之中,而是依赖于村规民约。现行法律规定了集体经济组织成员是享有土地承包权、征地补偿款的前提条件,但没有制定确认资格的具体规定,因而如何认定集体经济组织成员身份依然是个谜。最高人民法院认为这一问题应当属于《中华人民共和国立法法》第四十二条规定的情况,应由全国人大常务委员会作出立法解释,因而仅在其2005年出台的《最高人民法院关于审理涉及农村土地承包纠纷案件适用法律问题的解释》中第三条第二款规定了承包方概念,它是指以家庭承包方式承包本集体经济组织农村土地的农户,以及以其他方式承包农村土地的单位或者个人。

既然法律没有明确规定,集体经济组织成员资格的认定权力就只能交给各村的村民委员会或村民大会。而依靠各村自行制定的村规民约来认定集体组织成员资格的做法,实质上也为侵害妇女土地权益打开了方便之门。各地对于集体组织成员资格的理解不一,条件标准五花八门,且一些规定明显带有歧视妇女的内容。在大多数村庄和村民的意识中,成员资格非交换、购买所得,而是随婚姻迁入、出生获得,死亡与嫁出则自然消失,对乡村中的多数人而言,生于斯、死于斯,成员资格是顺理成章。而作为出嫁女、离婚或丧偶女等这些村庄中的边缘群体的成员资格,则易于受到排斥。如有的地方规定出嫁女(尤指嫁到村外),无论是否迁徙户口,都不视为本村村民,不享有村民待遇①。对于嫁入的妇女则需要在本地居住满一年、两年等才能获得村民资格。而一些村干脆直接规定:凡已出嫁的妇女,均无权承包本村土地,村委会有权收回出嫁女的承包土地②。这些迎合了大多数村民意愿的、以妇女的婚姻状况来识别其成员资格的村规民约,却在村民自治的制度背景下获得了普遍认可,成为剥夺婚嫁妇女集体成员权和土地权益的合法依据,使处于弱势的妇女维权难度增大。这些不平等的村规民约不修正,难以从根本上彻底解决农村妇女的土地权益问题。

4. 妇女参政不足阻碍了其土地权益的保障

现阶段我国农村妇女在村民自治过程中的参政不足现象依然十分普遍。由于失去了在村庄重要事务中的话语权和决策权,妇女的各种权益常常受到忽视和侵害,包括选举权和被选举权、土地权利、集体福利分配权利等。在一个利益多元化的社会中,农村妇女作为一个特殊群体能否拥有完全的话语权,某种程度上决定了她们的合法权利能否真正行使、利益能否保障和落实。但是在目前农村中大多数妇女在村

---

① 于语和:《村民自治法律制度研究》,天津社会科学院出版社,2006,第81页。

② 任自力、尹田:《中国村民自治与法律维权经典案例评析》,法律出版社,2005,第25-26页。

庄公共事务决策与管理中参政程度偏低,对一些明显歧视妇女群体的村规民约缺乏足够的力量进行制止或者反抗,从而影响到其土地权益的维护。

此外,在一些基层村庄中,村委会的权力结构正呈现出低层次和职务的性别化取向[①]。一些地方即使妇女已进入村委会任职,但职务偏轻,任正职、负责全面工作的少,大多数当选妇女分管的是妇女工作、计划生育和卫生、教育、民事调解等,放在配合男性的位置上,很少负责经济发展、村庄规划等核心工作,从而使妇女参政的空间被挤压,在村庄权力结构中逐渐被边缘化[②]。这种"男主女从"的职务性别化取向致使妇女干部在村庄重大事务中的话语权被虚置,真正的权力仍然掌握在男性干部手中,从而使妇女土地权益的保障仍然面临重重障碍。

综上所述,在村民自治背景下农村妇女的土地权益面临流失,反映了在农村改革进程中的种种利益冲突和权利纷争,也映射出当前立法和司法实践中依然存在的诸多困境,如村规民约的合法性及其审查问题、村民委员会的权力约束问题、出嫁女的集体成员资格问题、中国传统文化与观念的影响,等等。如何在这种法律与现实、传统与现代的矛盾纠结中寻找到保障妇女土地权益的有效途径,需要我们更深入地去探索和思考。而且,我们相信,对这一领域问题的孜孜探求,也将对解决我国其他妇女权益保护问题起到一定的引领和示范作用。

---

① 职务的性别化是指在权力结构中,一些位置被认为是属于男性的,一些职务被认为是属于女性的,职务已经被打上了性别标志。

② 李惠英、田晓红:《制约农村妇女政治参与相关因素的分析:村委会直选与妇女参政研究》,《中华女子学院学报》2003 年第 2 期。

第四节　集体经济组织成员资格与
妇女土地权益流失

关于"集体经济组织成员"这一概念，我国至今还没有任何一部法律对其加以明确界定，尽管《中华人民共和国村民委员会组织法》《中华人民共和国农村土地承包法》等许多法律频频使用着这个概念。对集体经济组织成员规定不细或内涵模糊，容易引发争端，而这种争端的外在表现形式就是村民待遇，包括享受本村的土地承包经营权、宅基地使用权、参加征地补偿款和集体经济组织分红的权利等利益之争。另外，在基层妇女土地权益的法律诉讼过程中，也一直存在关于集体经济组织成员原告主体资格的争议。有些基层法院认为出嫁女、离婚女不属于集体经济组织成员，因而不具有原告主体资格，对于这些妇女上诉的案件不予受理。

《中华人民共和国农村土地承包法》第五条规定："农村集体经济组织成员有权依法承包由本集体经济组织发包的农村土地。任何组织和个人不得剥夺和非法限制农村集体经济组织成员承包土地的权利。"集体经济组织成员资格的享有与否，决定了一个人是否有权利承包集体土地，或者说决定了因婚嫁或者父母户籍不同的人群能否取得土地承包经营权，以及能否参与征地补偿款、集体福利等的分配等。但是，由于我国现行法律在确定农村集体经济组织成员资格方面的缺失，造成了下面这种两难境地：法律一方面要求妇女应具有某村社集体经济组织成员的身份才能取得土地承包权，另一方面法律又缺乏界定集体经济组织成员身份的统一标准,从而使法律在执行中往往走样,侵害妇女土地权益的现象便在所难免。所以,农村集体经济组织成员资格的界定问题已成为影响妇女实现土地权益的关键性因素之一。

一、农村集体经济组织成员资格的界定标准

不断发生的城乡人口流动使农村集体经济组织内部成员结构日趋多元化,究竟如何判断成员资格,目前仍然缺乏统一明确的标准,边界不清。这是我国法律上的空白点,也是法学界的一个长期争论而悬而未决的问题,也因为如此,许多妇女在土地承包权、宅基地使用权和其他集体经济利益的分配中常常面临权益流失。因此,面对日益加快的城镇化进程和越来越突出的农村集体利益分配问题,应尽早从法律上明确界定集体经济组织成员资格,制定出一套科学而合理的判断标准。

关于集体经济组织成员资格的标准问题,目前各地在司法实践中采取了多种不同的做法,代表性的做法主要有三种:

第一种做法是采取单一的标准,即以户籍所在地是否在该村组作为确定是否具有集体经济组织成员资格的标准,若户口迁出或丧失,则被认为丧失了该集体经济组织成员的资格。从实践来看,这种做法较为简单方便,因而被大多数村社采用,但却不能适应越来越频繁的人口流动。因为一方面,现实中户口迁移与人口流动常常不同步发生,如一些妇女在出嫁时,可能不愿或者不能迁出其在娘家的户口,但实际已不在村里履行任何权利义务;而另一方面,另有一些人的户口虽不在该村,但与该村仍然存在一定的权利义务关系,如义务兵和大中专学生等。如果这时候仍然单纯以户口作为认定标准又未免过于武断。它很可能会造成在利益驱动下某些人为了谋取集体福利,利用户口骗取集体经济组织成员资格,将子女及其他亲属的户口挂在该集体组织内部,使集体经济组织人口不断膨胀,且出现大量的"空挂户""寄挂户""悬空户"等,这样必然严重损害真正应当享有集体经济组织成员利益的人的合法权益,引起实质上的不公平。

第二种做法是以户口标准为基础,辅之以是否在本集体经济组织所在地长期生产、生活来判断。尽管这种做法在标准判断上较第一种复杂,但它能弥补第一种做法的不足,在实践中更显公平。例如,《广东省农村集体经济组织管理规定》第十五条规定:"原人民公社、生产大队、生产队的成员,户口保留在农村集体经济组织所在地,履行法律法规和组织章程规定义务的,属于农村集体经济组织的成员。"对于那些仅有户口迁入,但未在户口所在地生产生活或者不以承包经营该集体经济组织农村土地为基本生活保障的人,认定其不具有农村集体经济组织成员资格。但是这种标准也存在不足之处,它过分地强调长期固定,不仅会降低农业人口向第二、三产业转移的积极性,阻滞城市化进程,而且由于对如何判断是否构成"长期"也存在不同认识,最终仍然难以解决问题。

第三种做法是根据权利义务关系是否形成的事实作为判断标准,即必须与本集体经济组织形成事实上的权利义务关系及管理关系的人,才具有成员资格。如《陕西省高级人民法院关于审理农村集体经济组织收益分配纠纷案件讨论会纪要》中第五条规定:"农村集体经济组织成员一般是指在集体经济组织所在村、组生产生活,依法登记常住户籍并与农村集体经济组织形成权利义务关系的人。"《东莞市农村股份合作经济组织股东资格界定若干规定》中规定:"股东资格的界定,要遵循'依据法律、尊重历史、公平合理'的原则,以村民的户籍、承包责任田、享受集体分配和履行村民义务等情况为基本依据进行。"那么,究竟

"事实上的权利义务关系及管理关系"包含哪些内容？由谁来确定这些内容？这些问题不解决则集体经济组织成员的判断标准仍然模糊不清，所以实际上这第三种做法实施起来也很困难。可见，无论采取以上标准中的任何一种，都面临一定的局限性，而这正是造成目前对于集体经济组织成员资格无法形成一个统一标准的原因所在。

　　究竟应该如何合理地界定农村集体经济组织成员资格？这是当前解决农村妇女土地权益流失问题无法回避的一个关键之处。由于现有法律和政策没有统一明确农村集体经济组织成员认定的办法，很多地方便将成员资格的认定工作交由村民委员会，通过村民会议或者村民代表会议决议的方式进行。据问卷调查统计，37.54%的被调查村（社）集体经济组织成员身份的确认是按照区（县）或乡镇（街道）颁布的政策文件确认，47.11%的村（社）则是按照村民决议来操作，这些村规民约容易使处于弱势地位的妇女因婚嫁丧失成员权利。所以，尽管现行政策明确规定"成员身份的确认既要得到多数人认可，又要防止多数人侵犯少数人权益，切实保护妇女合法权益"，但是，法律滞后或缺失、衔接不当、违法纠错机制不完善等因素往往导致已出台的政策得不到有效落实，从而必然影响到农村妇女合法权益的充分保障。

　　针对这些问题，近年来山东、安徽、四川等一些省市开始通过制定地方性法规来界定农村集体经济组织资格的条件标准。例如，2005年10月1日起施行的《安徽省实施〈中华人民共和国农村土地承包法〉办法》第八条规定了成为集体组织成员的条件是：（一）本村出生、户口未迁出的；（二）与本村村民结婚、户口迁入本村的；（三）本村村民依法办理收养手续、户口已迁入本村的子女；（四）其他将户口依法迁入本村，并经本集体经济组织成员的村民会议三分之二以上成员或者三分之二以上村民代表的同意,接纳为本集体经济组织成员的。另外,该办法第四条还规定:原户口在本村的下列人员,有权依法承包本集体经济组织发包的农村土地:(一)正在服兵役的义务兵;(二)在校大中专学生;(三)刑满释放且户口迁回本村的人员。与此同时,山东、四川、江苏等省也作出了相似的规定,它们大多数采取了列举式和概括式相结合的立法方式,有一定的合理因素和成分①,以期尽可能地为各村组确定集体组织成员资格提供一套科学而合理的统一标准,消除实践中的盲目性和无序性。2009 年颁布的《重庆市高级人民法院关于农村集体经济组织成员资格认定的指导意见(征求意见稿)》第十条提出了"农嫁女或入赘男的集体经济组织成员资格应当以是否在对方形成较为固定的生产、生活,是否依赖于对方农村土地作为生活保障为基本判断标准"。并具体对农嫁女、入赘男、外出务工经商就学的农村集体经济组织成员,及服兵役成员、违反计划生育政策的超生人口、两劳服刑人员、空挂户、轮换工、回乡退养人员等特殊人员集体经济组织成员资格认定进行了规定,使各村社集体在实践中有据可依,避免了各行其是的做法。因此,今后在确定集体经济组织成员资格的立法中可以借鉴和吸收这些地方性法规的经验和做法,将成员资格的取得、丧失以及特殊情形的处理作为整体来系统地把握,考虑各种因素后进行综合分析判断,以使成员资格或标准更加切实可行。

二、集体经济组织成员资格与土地承包经营权的关系

我国法律赋予了农户长期而稳定的土地承包权,《中华人民共和国

---

① 吴兴国:《集体组织成员资格的取得及成员权的行使——兼及对农村土地承包经营权流转的影响》,http://theory.people.com.cn/GB/40557/49139/49143/3538671.html,2005 年 7 月 13 日。

农村土地承包法》第二十一条规定："耕地的承包期为三十年。草地的承包期为三十年至五十年。林地的承包期为三十年至七十年。"《中华人民共和国物权法》第一百三十条规定："承包期内发包人不得调整承包地。"据此，农户依法承包的土地可以长期拥有，任何组织和个人无权随意调整。然而，在农村中农民的户口与土地脱节、集体经济组织成员资格与承包土地脱节的现象越来越普遍，而法律对此缺乏明确的规范，在处理相关矛盾纠纷时往往以不同的法律条文作为评判依据，使得妇女等弱势群体容易遭受权益侵害。

按照现行法律规定，承包期内，承包方全家迁入小城镇落户的，应当按照承包方的意愿，保留其土地承包经营权或者允许其依法进行土地承包经营权流转。承包期内，承包方全家迁入设区的市，转为非农业户口的，应当将承包的耕地和草地交回发包方。可见国家试图通过立法削弱农村集体经济组织对农户土地承包权的控制，严格限定土地承包经营权消灭的事由，规定只有在承包方全家迁入设区的市，转为非农业户口的，发包方才可以收回耕地和草地。这样的法律用意是保护农民的土地承包经营权利，防止对进城（小城镇）务工落户人员的权益侵犯。那么，如何切实解决包括妇女在内的特殊群体的集体组织成员资格与承包土地脱节现象，保护她们的合法权益不受侵害和剥夺？这是当前需要迫切思考的问题。

在这里，为了厘清两者的关系，有必要解读一下"集体经济组织成员权"这一概念。从法理上讲，集体经济组织成员权是以成员资格为前提，是成员所享有的一种概括性权利，包含经济权利和民主管理权两大基本权利。其中的集体经济组织成员经济权利具体又包括土地承包经营权、征地补偿款分配权、宅基地分配权、股份分红权、集体福利获得权等。在实践中,这些成员权的取得与实现有时是不同步的。如目前各村社的集体土地基本发包完毕,而集体新成员的资格取得经常会发生,在新的土地承包经营权分配以前,只能把土地承包经营权作为一种期待权来处理。如果一旦取得了成员资格就马上行使成员权,势必就要经常调整土地,而这又与土地政策相冲突。从这个意义上讲,成员权是期待权而非既得权,是附条件而非无条件,只有所附条件完成时,成员权才能实现,即取得土地承包权①。所以,有没有承包地,并不能决定某人是否具备成员资格,而有了成员资格也并不一定马上就分得承包地,两者间没有必然的直接联系。

对于农村婚嫁妇女而言,集体经济组织成员资格与承包土地不一致的情形经常发生,如果涉及集体土地权益的分配,我们该如何合理地处理? 下面主要针对两种具体情况进行分析:

第一种情况,有的妇女没有土地,但有集体成员资格,如嫁入女、入赘男及其子女等。在二轮承包地调整后出嫁的妇女和入赘的男子,以及新出生的子女,往往要面临在新居住地有户口、有集体经济组织成员资格但没有土地的状况,在这种情况下,妇女、入赘男及其子女可以凭其在新居住地的集体成员权而享受村民待遇,获得其他的集体福利,如征地补偿款分配权、社区股份分红权、宅基地使用权等。

第二种情况,有的妇女有土地,但没有集体成员资格,如出嫁女。妇女因婚姻关系变化而迁移户口,丧失了在原居住地的集体经济组织成员资格,但是其承包经营的集体土地可以按照农村土地承包法、物权法继续拥有,这就出现了出嫁女有土地但无成员资格的现象。如果她

① 吴兴国:《集体组织成员资格及成员权研究》,《法学杂志》200 年第 2 期。

的承包土地被征用的话,应当获得征地补偿款中的土地补偿款、地上附着物和青苗补偿费等,以补偿其失地造成的损失。但实际上有不少村组在分配补偿款时往往以出嫁女没有集体经济组织成员资格为由而剥夺其所有的土地补偿款分配权,使妇女既失地又失利。

第五节　妇女认知与土地权益流失

农村妇女土地权益流失问题的产生,除了外部环境、制度等因素的影响外,一定程度上取决于妇女群体自身诸多因素。具体而言,妇女的认知水平反映了她们对土地权益的知晓程度,其能力大小直接影响着她们参政意识和维权意识的强弱。随着农村现代化、市场化进程的加快,妇女对于土地权益的认知水平正在不断提升,但认知不足问题依然存在,并进一步导致她们参政意识和维权意识的低下。

任何私有财产的保护离不开"权利感情",法的本质即主体自发"对自己权利的主张"[①]。因此,农村妇女是否具有对自己土地权利的认知、行使及保护等感情,不仅关系到法律的实效问题,更是切实影响到妇女自身的利益。下面将以农村妇女(包括一些土地权益受过侵害的妇女)作为调查对象,考察她们对于土地权益的认知状况,反思现行农村政策在基层实际运作中的偏差。

---

① 川岛武宜:《现代化与法》,中国政法大学出版社,1994。

1. 大多数妇女认同男人是家庭财富的主要创造者和"重大事务"的决策者

妇女的权益认知水平一定程度上影响到她在家庭的地位,因此我们首先设计了一个问题"家庭收入主要依靠谁?",结果有56.1%的受访妇女认为,家庭收入主要来源于丈夫,其次36.4%的妇女回答靠夫妻双方,只有6.4%的是靠妻子。家庭收入依靠妻子的主要原因在于妻子有固定工资收入、丈夫做生意蚀本、丈夫身体不好等,选择靠父母和子女的妇女主要是那些年纪较小或较长的妇女,她们根本没有什么收入(表6-2)。实际上,由于许多妇女对家庭收入的贡献是隐性的,这部分收入她们大多没有考虑,因此也降低了妇女收入在家庭中的比例。因为在一般的人看来,在家干家务劳动不能算是正常工作,从事的农业生产收益也很低,这些基本没有什么收入,这使包括妇女自身在内的许多人都低估了妇女的收入贡献。

表6-2 妇女回答"家庭收入主要依靠谁?"

答案选项	人数(人)	比例(%)
主要靠丈夫	157	56.1
主要靠妻子	18	6.4
主要靠夫妻双方	102	36.4
其他(父母、子女等)	3	1.1
合计	280	100

家庭收入比例的低下很大程度上影响到妇女在家庭经营和"重大事务"中的决定权。如表6-3所示,当妇女回答"你家谁当家做主?"这一问题时,有一半以上的妇女回答夫妻共同商量及与父母、子女商量等,38.2%是丈夫说了算,只有10%是妻子说了算。这些说明,一方

面,在面对"重大事务"决策时夫妻"共同商量"正成为农村家庭尤其是年轻夫妇的主流趋势;另一方面,不管是主观还是客观上的原因造成,把男人当成家庭"顶梁柱"的现象仍然很常见,妻子在家庭决策中的作用不明显。

表6-3　妇女回答"你家谁当家做主?"

答案选项	人数(人)	比例(%)
丈夫说了算	107	38.2
妻子说了算	28	10.0
夫妻共同商量	122	43.6
其他(与父母、子女商量等)	23	8.2
合计	280	100

2. 妇女对国家法律政策和土地制度的了解程度普遍偏低

为了准确掌握妇女对于现行国家法律政策和相关土地制度的了解与熟悉程度,我们设计了以下一些问题来进行问答。

一是"村里土地所有权归谁所有?"。从妇女的回答结果可见,不少妇女对于农村土地所有权归属的认识是不正确的或模糊的,只有41.8%的妇女认为土地归村或村民小组所有(表6-4)。造成上述事实的原因,一方面与农民自身的年龄、文化教育层次有关;另一方面,土地作为当今地方政府的一大财政收入来源,地方政府滥用土地征收权或者借口搞规模经营随意处置承包地等侵害农民土地权益的行为,使农民意识上认为集体土地所有权是属于国家的[1]。

---

[1]　梁亚荣、张梦琳:《土地承包中农民权利意识的审视——基于江苏省的实证研究》,《中国农村观察》2007年第5期。

表 6-4 妇女回答"村里土地所有权归谁所有?"

答案选项	人数(人)	比例(%)
国家	95	33.9
县(市、区)或乡(镇)政府	32	11.4
村或村民小组	117	41.8
农户家庭	9	3.2
不知道	27	9.7
合计	280	100

二是"你了解下面哪些法律政策?"。这是多项选择,其中知道妇女权益保障法、农村土地承包法的妇女分别占 48.2% 和 40.4%,知道村民委员会组织法的占 32.8%,这表明近年来由于农村普法教育的推广,妇女的法律知识水平已得到了明显提高(表 6-5)。不过,还有 22.5% 的妇女对这些法律什么都不知道,在一些偏远农村有不少妇女尤其中老年妇女的法律意识仍然较低,这也进一步影响到她们在权益遭受侵害时不能自主伸张其合法权利,造成权益流失难以挽回。

表 6-5 妇女回答"你了解下面哪些法律政策?"

答案选项	人数(人)	比例(%)
1. 农村土地承包法	113	40.4
2. 妇女权益保障法	135	48.2
3. 村民委员会组织法	92	32.9
4. 物权法	54	19.3
5. 维护农村妇女土地承包权益的通知	13	4.6
6. 其他相关法律政策	24	8.6
7. 都不知道	63	22.5

另外,对于 2001 年中共中央办公厅、国务院办公厅颁布的《关于切

实维护农村妇女土地承包权益的通知》这一专门性文件,除少数妇女干部以外,很多妇女回答根本没有听说过。或许有的地区在对农民普法时忽视了这一点,但也许还有些地区乡村政府有关部门担心妇女对法律掌握得太多太深后容易闹事,管不住。如果是后者,则更应引起有关部门的重视。

三是"你对土地承包经营权的发证态度如何?"。根据农村土地承包法第二十四条的规定:"国家对耕地、林地和草地等实行统一登记,登记机构应当向承包方颁发土地承包经营权证或者林权证等证书,并登记造册,确认土地承包经营权。"目前,一些省市已相继开始给农户颁发土地承包经营权证书。土地承包经营权证书是确认承包方土地承包经营权的基本法律要件,是保障农户和妇女合法权利的重要手段之一,妇女对于土地承包经营权的发证态度,一定程度上体现了她们的权利意识。调查结果表明,绝大多数妇女非常赞同颁发土地承包经营权证书(表6-6),说明她们的权利意识很强,但仍有少数妇女因为不清楚证书的作用而抱无所谓的态度,而这可能与村社集体干部的宣传不力有一定关系。

表6-6　妇女回答"你对土地承包经营权的发证态度如何?"

答案选项	人数(人)	比例(%)
非常赞同	231	82.5
基本赞同	40	14.3
无所谓	9	3.2
不赞同	0	0
合计	280	100

现实中一些县(市、区)颁发土地承包经营权证书进展较缓,不少农

户和妇女对自己的权利归属意识不是太强,当面对土地被征用或者不合法的侵犯时,也难以认清自己的权益究竟是什么。例如,据全国妇联权益部的调查,在没有拿到征地补偿款的妇女中,三成妇女认为"征用的是村里的地,没有征用我个人的地"①。在这种淡薄的权利意识下,妇女怎么能维护自身的权益?

此外,尽管大多数承包土地经营权证书上登记的是男性户主名字,没有登记夫妻双方的名字,但有相当多的妇女仍十分自信自己也拥有其中的一份土地产权,认为土地也在"自己的名下"②。这种良好的自我感觉得益于近年来各级政府不断宣传男女平等国策和各项法律法规,以及农村妇女在家庭中的地位提升。

3. 妇女对因婚姻变化而发生的土地权益变化情况有些把握不清

结婚是妇女一生中的一件大事,也是她们最容易流失土地权益的时候。通过调查,我们发现,有相当数量的农村妇女在婚姻变化过程中失去了土地等权益,而这与她们自身对权益的把握不清又有很大关系。表6-7显示,仍有10.3%的妇女不知道承包期内妇女结婚在新居住地未取得承包地的,原发包方不得收回其承包地;大多数嫁到外村的妇女认为自己出嫁以后娘家的承包土地应该归娘家人来处理,只有24.6%的人知道自己有权依法处理;而妇女一旦嫁到城里,即使没有转为城市户口,仍然有18.6%的妇女不清楚到底该如何处理土地。

---

① 韩湘景:《2009—2010年:中国女性生活状况报告(No.4)》,第96页。

② 王晓嵘:《聚焦中国农村妇女的土地权利》,载乡镇论坛杂志《农民土地权益与农村基层民主建设研究》,第244页。

表 6-7　妇女对于发生婚姻变化时如何处置土地的回答

问题	答案选项	人数（人）	比例（%）
1. 是否知道承包期内妇女结婚在新居住地未取得承包地的，原发包方不得收回其承包地？	知道	169	60.4
	好像听说过	82	29.3
	不知道	29	10.3
	合计	280	100
2. 妇女嫁到外村，她在娘家的土地如何处理？	出嫁女自己处理	69	24.6
	留给娘家人处理	197	70.4
	娘家村里收回	9	3.2
	不知道	5	1.8
	合计	280	100
3. 嫁到城里没有享受到城市待遇的妇女，能否保留原来的承包地？	可以保留	209	74.6
	不可以，要退还集体	19	6.8
	不知道	52	18.6
	合计	280	100
4. 如果丈夫不在了，妻子带孩子改嫁，家里的承包土地怎么处理？	由妻子自己处理	212	75.7
	丈夫的父母处理	41	14.6
	集体收回	1	0.4
	不知道	26	9.3
	合计	280	100
5. 如果父母不在了，父母的承包地应如何处理？	儿子继承（纯女户除外）	25	8.9
	儿子、女儿都可以继承	187	66.8
	由集体收回	8	2.9
	不知道	60	21.4
	合计	280	100
6. 妇女离婚后在婆家的土地如何处理？	仍然归自己所有	126	45.0
	归婆家所有	65	23.2

问题	答案选项	人数（人）	比例（％）
	不知道	89	31.8
	合计	280	100
7. 你是否赞同妇女到了一定年龄不出嫁，她在村里仍然能够享受与一般村民同等的待遇？	赞同	234	83.6
	不赞同	6	2.1
	不知道	40	14.3
	合计	280	100

如果面临家庭和婚姻变故时，对于随之而可能发生的土地权益变化的回答也显示出妇女的认知程度依然偏低。从表6-7中可以看出，如果丈夫不在了，妻子带孩子改嫁，大多数妇女认为妻子有权处理家里的承包土地，但也有9.3％的人不知道怎么办。如果父母不在了，对于父母承包地的继承，受传统思想的影响，很多妇女认为应当归儿子来继承，除非家中没有儿子才可由女儿来继承，还有21.4％的妇女搞不清楚到底父母的承包地能否归子女继承。当问及"妇女离婚后在婆家的土地如何处理？"这一问题，有45.0％的妇女认为可以归自己所有，23.2％的人认为只能归婆家人所有，还有约三分之一的妇女不清楚怎么样处理。另外，除了14.3％的妇女不知道怎么选择以外，83.6％的妇女都赞同"妇女到了一定年龄不出嫁，她在村里仍然能够享受与一般村民同等的待遇"。上述这些结果显示出，大多数农村妇女在面临婚姻变化过程中的土地权益问题时具有一定的权利意识，但是也有相当一部分妇女尤其是年龄较大、受教育水平较低的中老年妇女的权利意识较浅。由此也提示我们，如果真的遇到这些问题，这些妇女自身的认知意识都模糊不清，又如何期望她们能够在困境中有足够的能力去维护

自己的权益呢?

4. 妇女对权利救济手段的了解与认知水平不高

农村妇女对权利救济手段的了解与认知水平高低,必然影响到她们的权利维护和实现程度。当妇女土地权益受到侵犯时,可以采取的救济手段主要包括:协商、请求调解(基层人民调解委员会、村委会、乡镇政府)、申请仲裁、提出诉讼。《中华人民共和国妇女权益保障法》第五十五条规定:"违反本法规定,以妇女未婚、结婚、离婚、丧偶等为由,侵害妇女在农村集体经济组织中的各项权益的,或者因结婚男方到女方住所落户,侵害男方和子女享有与所在地农村集体经济组织成员平等权益的,由乡镇人民政府依法调解;受害人也可以依法向农村土地承包仲裁机构申请仲裁,或者向人民法院起诉,人民法院应当依法受理。"

那么,当妇女的合法土地权益遭受侵犯时,她们到底能否了解并选择正确有效的法律救济手段和途径呢? 从调查结果看来,大多数妇女基本了解一到两项救济措施,如协商或找村委会调解、找乡镇政府解决等,但是还有 13.9% 的被调查妇女表示对上述法定的救济措施都没有听说过(表6-8),从而反映出妇女对权利救济措施和途径的了解与认知水平不高。

表6-8　妇女回答"是否知道以下救济措施?"

答案选项	人数(人)	比例(%)
协商或调解	155	55.4
乡镇政府	91	32.5
法院	43	15.4
仲裁	51	18.2
上访	42	15.0
都没听说过	39	13.9

　　2006 年江苏省农业委员会正式颁布并实施了《江苏省农村土地承包纠纷仲裁试点暂行办法》,其中第四条规定"发生农村土地承包纠纷,当事人可以申请仲裁,也可以直接向人民法院起诉"。但是,事实上大多数妇女都不知道有这一暂行办法,也不知道在发生土地承包经营纠纷时可以向土地承包仲裁机构申请仲裁,或者可以直接向人民法院起诉。因此,如果土地权益受到侵害,她们选择的解决办法大多是协商或找村委会调解,其次是选择由乡镇政府或法院来解决,选择仲裁的比例则很低(表 6-9)。事实上,《中华人民共和国农村土地承包法》规定解决土地承包纠纷可以采取协商、调解、仲裁、诉讼四种途径,其中的仲裁是一种准司法制度,较之协商、调解具有权威性,较之诉讼又具有简便、经济的特点。从现实情况来看,许多土地纠纷往往由于协商、调解的非强制性和诉讼的不及时性,最后发展成为越级信访、重复上访,影响十分恶劣,解决效果也并不理想。表 6-9 显示,有相当数量和比重的妇女当权益遭受侵害时,会选择信访、上访或者向媒体投诉等,这种现象一方面说明有必要加大对土地承包纠纷仲裁制度的宣传力度,提高妇女对这一解决措施的认知度;另一方面也反映出基层执政者的工作作风可能存在一定问题,社会性别敏感度不足,调解民间纠纷能力较弱,妇女对他们抱不信任态度,认为侵害权益的主要就是乡村干部,找他们说理根本没用。

表 6-9　妇女回答"如果土地权益受到侵害,主要采取哪种解决办法?"

答案选项	人数(人)	比例(%)
协商	116	41.4
找村委会调解	136	48.6

(续表)

答案选项	人数(人)	比例(%)
乡镇政府	89	31.8
法院	57	20.4
仲裁	26	9.3
信访	70	25.0
上访	30	10.7
其他渠道(媒体投诉等)	23	8.2
不知道	43	15.4

第六节　妇女参政与土地权益流失

妇女参政是指妇女群体对国家和社会公共事务的参与管理,它是实现人的基本权利以及政策决策民主化的产物,包含两个彼此相关的层面:权力参与和民主参与。在所有的领域,只有参政领域最具有性别敏感政策,1995 年联合国第四次世界妇女大会通过的《北京行动纲领》把妇女参政作为其中的一个重要内容来看待,并且明确了发展战略目标和应当采取的措施,以确保妇女平等进入并充分参加权力结构和决策。在促进农村妇女参与村委会选举方面,2018 年的《中华人民共和国村民委员会组织法》规定:"村民委员会成员中,应当有妇女成员。"可见,我国政府历来十分重视妇女参政,并通过法律途径和采取各种积极措施以保障妇女的参政权。

妇女参政意识一定程度上影响到她们的社会政治地位以及劳动、

财产、人身等诸多权利的维护。已有的研究文献对于城乡妇女参政及其相关问题等作了较为全面而深入的探讨，取得了许多成果，但是，将农村妇女参政与其土地权益问题结合起来进行研究的文献尚未发现。笔者认为，妇女土地权益流失与其参政意识薄弱之间存在着某种程度的正相关性，对当前农村妇女参政现状和参政意识的剖析将有助于我们深入挖掘她们土地权益流失的内在成因，以寻找到一条更为有效的问题解决途径。

一、村民自治以来农村妇女参政状况简评

中国农村基层的村民自治制度实施已有三十余年时间，实践证明，村民自治提高了广大村民的民主参与意识和能力，大大推进了基层政治民主化进程。与此同时，随着市场经济的发展，农村产业结构的逐步调整使得越来越多的妇女走出了家庭，投入了社会生活当中。村民自治制度的实施正好为农村妇女政治参与创造了平等竞争的机遇和平台，鼓励妇女参政议政，尤其是参选村"两委会"班子，不仅有利于增强村民自治组织的民主性，而且更有利于提高妇女社会政治地位，促进男女平等。反过来，只有当广大农村妇女也成为村民自治的主体，并从广泛的政治参与中得到意识的提升和能力的增强，才可能实现真正意义上的村民自治，提升中国的乡村民主水平。

妇女参政是民主政治和社会进步的一个重要标志，长期以来，我国政府创造了许多有利条件，以积极推动和鼓励妇女参与到基层村民自治的实践中。《中华人民共和国村民委员会组织法》和《中国妇女发展纲要(2001—2010年)》中关于村委会中的妇女比例都作了规定，民政部于1999年下发的《关于努力保证农村妇女在村委会成员中有适当名额的意见》(民发〔1999〕14号)为保证村民委员会中妇女占适当名额，提出了性别保障政策和一系列具体措施。一些省市积极出台相关政策，提出了更为量化的女性参政性别比例和规划，开展了一些促进农村妇女参政的试点项目等，形成了诸多妇女参政的经验和模式。全国妇联也积极推动各地区实行妇女委员专职专选、村委会女性委员候选人"定位产生"办法等，以实现每个村委会中都有女性，而且要提高女性正职的比例。2006 年全国妇联"全国农村妇女权益状况和维权需求调查"结果显示，在最近一次村委会选举中，有 77％的农村妇女投过票，即三分之二的妇女直接参与了基层选举。妇女参加基层选举的参选率较高，有 71.8％的村有女性村委，62.4％的村党支部有女性支委，村两委女性成员在村务工作中作用较大。但是该项调查同时也显示，农村妇女选举意愿的自主性较弱，在选举过程中能起决定权的比例要比男性小，且女性担任负责人的意愿不强，参政意识相对淡薄①。

其实，本质上"性别中立"的村民自治制度并没有过多地考虑农村妇女政治参与可能遇到的各种历史和现实障碍，因而，尽管从村民自治制度实行以来妇女在民主选举、民主决策、民主管理、民主监督中有一定的参与，参与比例呈逐年上升的趋势，但是总的来看，一些地区农村基层仍然存在妇女参与意识薄弱、参政数量偏少、比例偏低等问题，在所谓"民主化"的乡村治理过程中面临主体虚置、群体边缘化与低层化的风险。一是许多农村妇女至今不知道村民委员会组织法，也没听说过妇女发展纲要，她们的政治参与热情和意识明显要弱于男性。二是在参政的数量和比例量化指标方面，妇女的当选比例很低。2005 年《中国性别平等与妇女发展状况》白皮书显示，2004 年全国村委会委员

---

① 全国维护妇女儿童权益协调组:《全国农村妇女权益状况和维权需求调查报告》。

中妇女为 44.3 万人,仅占委员总数的 15.1%,有一些地方村委会班子里没有一名女成员,全国村委会主任中的女性比例还不到1%①。三是正如前文所述,在质量和在权力结构中的位置方面,妇女参政表现出低层次和职务的性别化取向。这些充分说明,在村民自治背景下,我国农村妇女的民主政治参与路程还十分漫长。

在中国传统以男性为本位的政治文化中,农村妇女参政的愿望和要求不仅得不到社会舆论的理解和鼓励,反而可能遭到家庭和社会多方面的讽刺和打击,从而压制了妇女政治参与的热情和欲望,使她们长期被排斥在村庄公共政治领域之外。长久下去,必然使妇女逐渐丧失在家庭和社会中应有的主体地位,在角色认同和角色执行方面,形成对社会和男性的双重依赖,从而自觉地把自己享有的政治权利让予男性,形成"女不议政"的习惯。而且,目前大多数农村妇女的综合素质整体偏低,主体意识、独立意识和参政意识相对薄弱,在与男性的竞争中往往处于劣势,增加了当选的难度。可见,推动农村妇女参政议政首先要从提高妇女自身的参政意识着手,要在政府、妇联和民间妇女组织的共同努力下组织妇女广泛参与农村经济文化建设,增强妇女的独立自主能力,提高妇女参政议政的积极性和主动性,最终使广大农村妇女与男性一起分享村民自治的成果与好处。

二、妇女参政不足与土地权益流失问题

妇女参政权是她们拥有的一项核心权利,也是男女平等的重要衡量标准,然而在现代化进程中,作为推动农村经济发展和政治民主进步

---

① 全国妇联妇女研究所妇女法律课题组,关于新修改的《村民委员会组织法》中规定村委会成员中至少有一名以上女性的提案,2004 年。

的主体,妇女的政治参与状况与她们在生产和生活中所做的贡献极不相称,妇女参政意识薄弱、参政不足现象依然十分普遍,由此导致妇女的土地权益容易流失。具体而言,主要表现在两大方面:

一方面,妇女参政不足,造成妇女群体在村庄重要事务决策中话语权的缺失,使其土地权益容易流失。法国哲学家米歇尔·福柯(Michel Foucault)曾经说过:"哪里有话语,哪里就有权利,权利是话语运作无所不在的支配力量。"然而现实中,妇女在村民自治背景下的参政意识薄弱,导致其在村民代表选举和村委会选举中常常缺乏足够的热情和积极性,在村庄公共事务决策与管理中遭受冷遇。尤其在面对妇女自身的权益问题时常常发生"失语"现象,导致其在权益分配与博弈中处于劣势,权益流失则成必然。

另一方面,妇女参政不足,导致其在土地权益遭受侵害时缺乏可靠的代言人,从而使其权利救济更加困难。当妇女的土地权益遭受侵害时,权利救济便成为一种有效的解决途径,但是,一些内外部因素的存在可能制约这一途径的实现,其中,缺乏可靠的代言人便是一项重要的制约因子。一是在一些基层村庄的村委会班子里,妇女参与比例偏低,且职务偏轻,话语力量弱,对一些明显歧视妇女群体的村规民约缺乏足够的力量进行制止或者反抗;二是农村基层妇女维权组织建设滞后,妇女在土地等权益流失以后往往难以找到可靠的代言人,而依靠少数妇女自身的力量来维权往往因缺乏专业法律知识等而成本很高、效率很低;三是在妇女参政不足的情况下,妇女维权的渠道和途径较难畅通,即使国家和政府部门一直以来极力提倡男女权益平等,但基层妇女对土地权益的诉求在向上传达过程中面临诸多不确定因素的阻碍,其维权之途可能非常艰巨而漫长,最后她们不得不选择放弃。

诺贝尔经济学奖获得者阿马蒂亚·森(Amartya Sen)指出,贫困在本质上是"可行能力"(capability)的剥夺,可行能力是能够帮助人们更自由地生活并提高他们的整体能力。五种权力和机会对于促进人的可行能力是关键性的,即:政治自由、经济条件、社会机会、透明性保障和防护性保障,森将其称为五种类型的"工具性自由"①。根据森的理论,政治自由是提高人的可行能力的首要因素,而政治自由实质上代表了各类社会群体的利益表达渠道通畅程度。在妇女参政不足的情况下,作为弱势群体的农村妇女的利益表达渠道十分有限而且常常受阻,面对权益遭受侵犯时既没有话语权又缺乏代言人,最后大多选择一种所谓的"内生性沉默",降低了她们的可行能力。在因土地权益流失而陷入失地失业困境之时,这种可行能力的短缺将进一步加深她们的贫困程度,使其在经济、政治上的地位愈发下降。

总之,农村妇女参政意识薄弱导致其在村庄选举和重要事务中的决策权利缺失,产生参政不足现象,参政不足又不利于在性别平等条件下维护妇女在村庄中的土地等相关权益,容易致其流失。反过来,当妇女的这些权利被侵占和流失后,权利救济又面临困境,必然导致她们的财产和经济收入下降,在家庭、村庄、社会中的地位受到影响,其政治参与的积极性和认知水平、能力减低,从而又进一步加重基层妇女参政不足的状况。由此,在妇女参政与土地权益流失间产生了一种恶性循环(图6-1),其中任何一环出现问题都有可能导致一系列连锁反应,使问题更加复杂化。所以,解决农村妇女土地权益流失问题,要从根源上寻找出路,增强妇女参政意识,提高妇女在基层组织中的权力和地位。

---

① 阿马蒂亚·森:《以自由看待发展》,任赜、于真译,中国人民大学出版社,2002,第31页。

要制定明确的妇女参政条款,如村民大会在召开的时间、地点和形式上要将妇女的参与作为不可缺少的一部分,特别是与妇女利益相关的村民活动,如决定土地的流转和分配等,一定要有妇女参加,真正赋予她们更多的话语权和决策权。

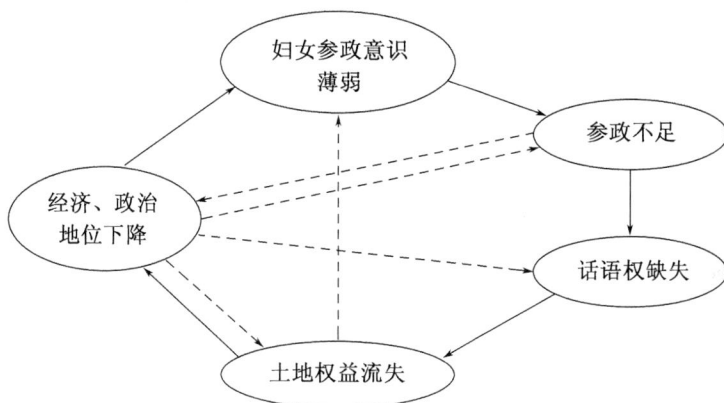

图 6-1　农村妇女参政与土地权益流失的关系

三、建立妇女议事会制度的重要性

21世纪初,妇女议事会制度开始在全国范围内兴起,这是增强社区居民参与能力、提升社区治理水平的重要举措。它以议事会为载体,凝结妇女群众的智慧,维护普通妇女的基本权益,解决老百姓身边的问题。2018年3月28日江苏省人大常委会通过的《江苏省妇女权益保障条例》首次将妇女议事会制度写入地方性法规,纳入城乡社区协商民主机制,大大提升了妇女议事会制度的法律地位。其中第十四条规定:"妇女联合会应当建立健全妇女议事会制度,组织妇女参与制定村规民约、居民公约及有关妇女儿童权益事项的协商议事活动。"在江苏省妇联的积极推动与政策指导下,妇女议事会制度在全省范围内遍地开花、蔚然成风。截至 2018 年年底,全省已经建立基层村(社)妇女议事会 1 万多个,占村(社)总数比重 95％以上,无锡、淮安、镇江等地区村村(社)都建立了妇女议事会制度,基本实现了省、市、县、乡镇(街道)、村居(社区)五级妇女议事全覆盖。

妇女议事会制度对于畅通农村妇女表达诉求渠道、推动民主协商、提升参政议政水平、维护土地合法权益,具有十分重要的现实意义。各基层村(社)通过集中议、现场议等丰富多样的妇女议事会形式,广泛收集和反映妇女群众的意愿和建议,将其纳入议题商议,形成合理决议后再提交村(社)两委研究处理。2018 年 5 月 15 日,江苏省海门市三厂街道耀忠村专门召开了以"论个别女性同志如何被确认为股份经济合作社成员"为议题的妇女议事会,议事结果报村两委讨论后,确认把 2 名离异妇女增列为合作社成员,该村此类妇女共 8 人,都获得了成员资格。该市余东镇土地堂村妇女议事会通过专题议事形式,解决了两起离婚妇女土地承包经营权分割和集体资产股权分配的纠纷,避免了两头空(王某)和两头占(张某)现象发生。据调查,近年来海门市各村(社)妇女议事会围绕集体经济组织成员身份界定、土地确权、征地拆迁补偿、宅基地分配等各类议题开展妇女议事活动达到 296 次,为解决出嫁女、入嫁女、离婚、丧偶等特定妇女群体的合法权益发挥了重要作用。据初步统计,江苏省有 64.44％的村(社)召开过专门针对土地分配问题的妇女议事会议,这不仅说明基层妇女越来越关注土地权益问题,也反映了妇女议事会在议题选择上更加多元化,涉及面更广。

但是不可否认,目前农村妇女议事会存在普通妇女参与意愿偏低、议事方式单一、议题内容狭窄、成果转化困难等问题,导致有些议事会有形无实。因此,应从制度建设、宣传引导、骨干培训、考核监督等方面完善妇女议事制度,使基层议事制度常态化和长效化,切实发挥妇女议事会在推动妇女参政议政和维护妇女土地权益等方面的重要作用。

第七章 妇女土地维权与现实制约

妇女土地权益流失以后，其维权意识的强弱一定程度上决定了其能否及时采取有效的维权行为，挽回其权益，或使权益流失造成的损失降到最低。本章将对农村妇女土地维权的现状进行客观评价，并进一步剖析妇女土地维权的方式、途径和现实制约。

第一节 妇女土地维权的现状评价

在现代化进程中农村妇女土地权益流失现象不可避免，面对这种状况，各级政府积极采取各种措施以保障妇女权益。作为权益流失的重要当事人——妇女，在面临这些问题时是否具有法律意识、权利保护意识，对自身权利能否维护和实现具有十分重要的意义。有调查表明，随着法制宣传教育的不断深入，农村妇女对权益保障相关法律的认知率提高，维权意识正在不断增强①。在农村土地承包、征地补偿款和集

---

① 全国维护妇女儿童权益协调组：《全国农村妇女权益状况和维权需求调查报告》。

体经济收益分配时,多数妇女希望自己的相关权利有保障,在土地权益遭受侵害时会选择适合的维权方法。

不可否认,尽管现实中农村妇女的权利保护意识正在增强,但受各种主客观条件之局限,她们在遭受侵权时真正能够采取维权行动的仍然不多。因为目前绝大多数的妇女土地权益侵害是来自其所在的村庄或者家庭内部(娘家或者婆家)的行为,故她们无论是向村社集体还是家庭要权,都将得罪村里或家庭的其他成员,也必然势单力薄缺乏社会支持。因此,一般情况下,大多数妇女只能选择沉默,除非妇女迫于生存压力或者存在巨大利益的损失时,才会鼓起勇气进行维权。因而,妇女土地权益纠纷与其他的纠纷一个很大的不同之处在于,从权益流失到主张权益保护,通常有一定的时间间隔,有的长达几十年之久。也正因为妇女由最初的无可奈何、默认现状,到最终拿起法律武器进行维权,其内心经历了一个复杂的变化过程,妇女一旦走上维权的道路,其意志便极其坚定,不会轻易妥协[1]。而且,为了增强对抗性,相同处境的妇女还很容易团结起来,共同行动,形成集体上访,这也是妇女土地权益纠纷通常矛盾激烈、涉及面广且解决难度很大的一个重要的原因[2]。所以,在实践中各级政府相关部门和民间组织要高度重视提高

---

① 刘保平、万兰茹:《河北省农村妇女土地权益保护状况研究》,《妇女研究论丛》2007年第6期。

② 这样的事例不胜枚举,例如:《25名"出嫁女"10年讨回土地权》(《中国妇女报》2005-02-07);《呼市28位出嫁女与村委会对簿公堂》(《中国妇女报》2006-05-16);《38位出嫁女的村民待遇之争》(《农民日报》2007-08-23);《未迁户籍土地却被强收,出嫁女10年讨不回责任田》(《西安晚报》2008-11-06);《李顺成维权32年不"顺"也不"成"》(《中国妇女报》2010-09-16);《21年,出嫁女的土地之争——安徽霍邱县城关镇25户出嫁女土地被"抢"调查》(《中国妇女报》2010-11-20)。

广大农村妇女的法律意识和维权意识,并为土地权益流失的妇女提供及时而有效的法律援助和支持,尽可能避免事态进一步恶化,维护社会稳定与和谐。

现实中不同的侵权主体和侵权内容,妇女土地维权的难度也有所不同。在土地承包权分配与取得过程中,侵害妇女相关权益的主体多为发包方集体,主要表现为不予或少予妇女承包土地;在土地流转、分割、继承中,侵权多为妇女家庭内部的配偶或其他亲属,主要表现为擅自处置妇女拥有的土地份额。相对而言,前者以村规民约名义侵害妇女土地权益的案件更难处理,维权难度较大,而后者则更加隐蔽。《中华人民共和国农村土地承包法》第五十五条规定,农村妇女受到侵害,可以请求村委会解决,但是可能侵权的实施者正是村委会,作为弱势群体的妇女要向村委会来主张权利,难度可想而知。在这种情形下,需要从制度上在农村各个层级建立起妇女权益保护组织,赋予其合法地位,加大支持力度,提高妇女的组织化程度,使之成为农村妇女权益保护的重要力量。

第二节　妇女土地维权的方式和途径

当妇女的土地权益受到侵害时,权利保护意识会促使她们采取维权行动,以达到解决问题、维护自己合法权益的目的。那么,在面临权益流失时她们究竟会采取什么样的维权方式?通过问卷调查,我们发现,有半数以上的妇女会选择"先找村干部说理,再向上级政府反映,直到问题解决"这一较为理性的做法(表7-1);也有21.4%妇女认为找村干部说理,要不回土地就算了;还有 19.3% 的人选择"说了没用,认了"这一消极做法,反映出这部分妇女对维权结果不抱太大希望;另外,有 1.4% 的妇女因为对基层干部工作作风抱不信任态度,认为侵害权益的主要就是乡村干部,找他们说理根本没用,如果自己的土地权益遭受侵害,会选择直接上访。这种现象在现实中时有发生,学者王晓嵘 2002 年对陕西、甘肃、青海三省的调查结果显示农村妇女上访案例正在增多,它一方面说明妇女权益受侵害的发生频率增多,另一方面也反映出基层组织调解民间纠纷能力有弱化的趋势[1]。

表 7-1　妇女回答"你的土地权利受侵害时你会怎么办?"

答案选项	人数(人)	比例(%)
直接找村干部说理,要回土地	60	21.4
先找村干部说理,再向上级政府反映,直到问题解决	162	57.9
直接上访	4	1.4
说了没用,认了	54	19.3
合计	280	100

根据我国法律规定,当妇女土地及相关权益受到侵害后,其权利救济途径主要有自力救济、社会救济、公力救济三种:

(1) 自力救济。又称为私力救济,它是指当妇女土地权利遭受侵害时,可依靠自身的力量或相关社会组织对其合法权利所给予保护。作为一种权利保护方式,自力救济具有方便、快捷、及时和费用低廉的特点,比较适合农村妇女弱势群体的需要。所以,许多妇女在权益流失

_____

① 王晓嵘:《聚焦中国农村妇女的土地权利》,载乡镇论坛杂志《农民土地权益与农村基层民主建设研究》。

后一般会把这种救济方式作为维权的首选,当自力救济确定无效以后,她们才不得不选择社会救济或公力救济等维权方式。

(2)社会救济。它是一种依靠社会力量救济受害妇女土地权益的机制,主要方式包括调解和仲裁。农村土地承包法第五十五条规定:"因土地承包经营发生纠纷的,双方当事人可以通过协商解决,也可以请求村民委员会、乡(镇)人民政府等协调解决。当事人不愿协商、调解或者协商、调解不成的,可以向农村土地承包仲裁机构申请仲裁。"目前,虽然我国已经颁布并施行《中华人民共和国农村土地承包经营纠纷调解仲裁法》,但是真正建立起农村土地承包仲裁机构的地区还不多,因而仲裁这一权利救济方式在实践中尚未普遍运作起来。

(3)公力救济。它是指国家行政机关、司法机关运用国家公权力解决妇女土地权益纠纷的机制。当妇女土地权益受到侵害而自力救济和社会救济不能解决时,可以申请享有公权力的国家机关进行救济。公力救济又分为行政救济和司法救济,其中,行政救济的方式主要是信访,妇女如果认为集体经济组织、村民委员会、居民委员会及其成员的工作或者决定侵犯了自身的合法权益,可以通过信访的方式向乡镇及以上人民政府或有关部门反映情况;司法救济也称诉讼救济,诉讼是在国家司法机关的主导下,在诉讼参与人的参加下,正确使用法律对案件作出公正判决的活动,它是土地权益遭受侵害的妇女在自力救济、社会救济失败后寻求权利保护的最高与最后方式。不过,现实中通过司法诉讼渠道主张土地权益的案例还不是很多,寻求地方政府及有关部门和妇联组织保护的行政救济仍然是妇女主张土地权益的主要途径。

第三节　妇女土地维权的现实制约

调查中我们发现,尽管农村妇女土地权益遭受侵害后有一定的自我维权意识,大多数会选择一种或多种方式进行维权,但由于妇女自身因素的制约,以及法律救济途径不通畅,维权成本过高、过程冗长,维权的组织化程度较低等因素,妇女土地维权行动常常面临困境,使权益最终无法挽回。这些制约包括①:

1. 妇女自身因素的制约

妇女自身的制约因素包括妇女自身的受教育水平、法律意识、参政意识和维权意识等。由于农村尚有许多妇女受教育机会较少,文化程度相对偏低,法律知识缺乏,参政意识和维权意识较淡薄,其土地维权的行为能力和行为选择受到了很大的限制,维权之路坎坷,维权效果往往也不佳。在访谈中我们发现,一些土地权益被侵害的妇女在遇到问题时根本不懂得用法律武器维护自己的合法权益,只能忍气吞声,委曲求全,从而助长了侵权行为的发生。还有一些妇女在进行维权时不懂得如何去维权,有时甚至采取一些过激行为或非法途径抗争,效果也适得其反。所以,提高农村妇女受教育水平,增强其法律意识和维权意识十分迫切而重要。

2. 法律救济途径不通畅,维权成本过高、过程冗长

尽管我国的宪法、婚姻法和妇女权益保障法都明确规定妇女与男

---

① 张笑寒、吴龙桓:《农村妇女土地维权行为及其现实制约》,《农村经济》2012年第3期。

子地位平等,享有同样的土地权益,有关土地权属问题的争议可以通过司法途径解决等。但是,对权利加以宣告并不等于权利已经得到很好的保护,还需要进一步的具体救济措施,如妇女自身的自力救济和外界所提供的社会救济和公力救济。就权利救济的主体而言,妇女真正能够利用的渠道主要是本村(社)集体组织和当地政府的信访部门,但是实际上本村(社)集体也许就是妇女土地权益的侵权主体。2003 年中国社会科学院农村发展研究所进行的一项专题调查,收集了 837 封有关土地问题上访信,其中有 48.8% 的上访信是直接针对乡镇与村级组织的①。鉴于这种情况,妇女能够借助的只有信访渠道,然而,由于信访部门的职责及能力所限,这一渠道对于妇女土地维权的实际效用也是极为有限的。此外,至今我国农村大多数地区的法制建设较为落后,专业法律人员数量严重不足,因而导致妇女土地权益流失时政府的"公力救济"供给相对不足,司法途径不能通畅。有的妇女即使能够获得司法救济,但花费的成本过大,投入的时间和精力太多,过程冗长,对于权益遭受侵害的普通妇女而言,很难独自承受,最终可能"赢了官司输了钱"。这些因素使农村妇女土地权利救济途径更加狭窄,维权难现象更加突显。

3. 妇女维权的社会组织化程度偏低

由于妇女土地权益流失现象大多属于零星式发生,分布较散,在同一村庄中涉及的妇女人数与规模不大,因而这些妇女在维权过程中很难形成统一战线,社会组织化程度低,仅仅依靠少数妇女的自身力量来

---

① 于建嵘:《土地问题已成为农民维权抗争的焦点——关于当前我国农村社会形势的一项专题研究》,http://www.aisixiang.com/data/4128.html,2004 年 9 月 9 日。

维权显得势单力薄,难以取得明显成效。比较而言,在征地过程中失地
农民进行的群体式维权行动所产生的社会影响与效果要大得多。正是
因为无法采取集中的、群体式、有组织化的行动,一些妇女的维权往往
很难坚持下去,权益流失成为必然。而妇联作为群众性组织帮助遭受
侵权妇女维权的力度也非常有限,面对一些村委会、村民决议中的土地
侵权行为,无权直接进行干预和制止。基于此,尽快建立社会化的妇女
土地维权机制,共建土地维权平台十分紧要。目前,江苏省镇江市妇联
建立了妇女维权代言人制度,在畅通维权渠道、创新维权服务形式、发
挥社会维权优势、提高妇联维权效能等方面进行了积极探索①。扬中
市在基层法院和司法部门专门设立了妇女维权法庭,发挥妇联干部特
邀陪审员的作用,让妇联干部通过陪审工作,直接进入司法程序,依法
维护农村妇女的合法权益②。河北省邢台市妇联借党委、政府之力在
全市各乡镇建起 191 个"妇女维权站",并辅以妇联主席值班接访、有关
职能部门积极参与,形成了覆盖全市的维权网络③。这些做法有力提
高了农村妇女土地维权的信心,增强了妇女维权意识,减少了土地权益
流失现象的发生。

---

① 镇江市妇联:《发挥维权代言作用　切实维护妇女儿童合法权益》,http://www.
jswomen. org. cn/newjs/index. html,2008 年 10 月 7 日。

② 扬中市妇联:《农村妇女维权热点难点问题调查报告》,http://www. jswomen. org. cn/
newjs,2010 年 11 月 4 日。

③ 王晓丽、彭淑芳、周丽婷:《"妇女维权站"主持公道更快更方便》,《中国妇女报》2007 年 11
月 1 日。

第八章　主要结论与政策建议

　　基于前面各章的研究,本章首先归纳主要的研究结论,并在此基础上提出维护我国农村妇女土地权益的若干政策建议。

第一节　主要结论

　　第一,随着中国城镇化进程加快,农业女性化趋势正在加剧,加重了妇女对土地的依赖性,不利于农村妇女地位的提高和改善,维护妇女土地权益是减缓农业女性化、消除女性贫困化、实现男女两性平等的重要前提和保障。

　　第二,通过对中国农村妇女土地权利制度的历史考察,我们得知,在1949年前后或改革开放初期,党中央都明确规定妇女与男子享有平等的土地权,以保障广大妇女的土地权利。进入二十一世纪以后,中国政府为了贯彻男女平等原则和保护妇女土地权益,缓解社会矛盾,相继出台或修订了一系列相关的法律法规和政策措施等,从而基本建立了保障妇女权益的多层次、多方位的法律框架,农村妇女土地权益在法律上受到基本保护。然而,不可否认,我国农村土地权益法制建设地区差异较大,性别平等政策在执行过程中仍然存在偏差,现实中妇女土地权益常常面临流失境地。

第三,我国农村妇女土地权益流失主要表现出以下特征:一是权益流失数量呈现逐年增长态势;二是土地权益在婚姻关系变化过程中最易流失;三是不同地区土地权益流失的表现存在差异;四是权益纠纷通常表现为少数人与多数人之间的利益之争;五是权益流失呈现出一定的群体性。在城镇化进程中妇女土地权益流失还呈现出新的动向:权益流失的妇女群体范围正在扩大,权益流失的形式日益多样,妇女的维权意识逐步增强,权益纠纷案件处置越来越难。

此外,在不同的婚姻状态过程中,农村妇女面临各种各样的土地权益流失问题,包括出嫁女、离婚和丧偶妇女、招赘妇女以及未婚妇女等。这些不仅会对妇女及其家庭的生活与发展造成许多障碍,而且也将对提高妇女社会地位、维护社会稳定产生不利影响。

第四,农村土地制度变革过程中,妇女土地承包经营权、征地补偿款分配权、集体经济收益分配权、宅基地分配权常易流失,且实地调查显示,其中征地补偿款分配权流失的案例最多。

第五,妇女土地权益流失问题具有诸多根源,如土地等重要资源的贫困状况、家庭承包制的制度安排、集体经济组织成员权的标准界定、村民自治和乡规民约等非成文制度的作用等。由于现行土地家庭承包制在制度设计方面缺乏性别视角、以户为单位的承包方式存在缺陷、妇女土地权利的依附性和不稳定性特征明显,以及重效率的政策倾向容易导致妇女土地权益的流失。现行征地补偿制度的缺陷和补偿款分配中的性别不平等问题十分突出。农村集体经济组织成员资格的界定标准模糊,使之成为剥夺妇女土地承包权或征地补偿款的重要因素之一。

基层村庄村民自治的存在及其所具有的效力,也为村组集体侵害妇女土地权益提供了空间。主要原因在于:村规民约与正式制度间的冲突难以调和,基层政府对村民委员会缺乏行政约束,集体经济组织成员资格的认定主要取决于村规民约,村民自治中妇女参政不足阻碍了其土地权益的维护。

妇女的权利认知水平高低直接影响着她们参政意识和维权意识的强弱。从农村妇女自身对土地权益的认知方面看,大多妇女认同男人是家庭财富的主要创造者和"重大事务"的决策者,对国家法律政策和土地制度的了解程度普遍偏低,对因婚姻变化而发生的土地权益情况有些把握不清,对权利救济措施的了解与认知水平不高,这些因素共同导致了妇女土地权益容易流失。此外,一些地区农村基层存在妇女参与意识薄弱、参政数量偏少、比例偏低等问题,造成妇女群体在村庄重要事务决策中话语权的缺失,使其土地权益易于流失。而且,妇女参政不足导致其在土地权益受侵害时缺乏可靠的代言人,从而使其权利救济更加困难。

第六,尽管现实中农村妇女的土地权利保护意识正在增强,但受各种主客观条件之局限,她们在遭受侵权时真正能够做出维权行为的仍然不多。由于妇女自身因素的制约,法律救济途径不通畅,维权成本过高,过程冗长,以及维权的组织化程度较低,这些因素导致农村妇女土地维权行动常常面临困境,使权益最终无法挽回。

第二节　维护农村妇女土地权益的政策建议

前面的分析表明,中国的农村妇女土地权益流失问题有着广泛的社会基础和深刻的历史背景。导致妇女土地权利流失的真正成因不仅是国家的法律制度,而且包括了民间社会中不断形成的惯例、习惯、道德和风俗等非成文制度。因此,维护农村妇女土地权益,需要从思想观念到法律规范的重构,要将社会性别视角引入立法,修改和完善包括土地承包法在内的现行法律制度体系;要完善村民自治制度,在法律规范的框架内有效调适村规民约等民间法,协调它们之间的矛盾冲突;要不断增强妇女的权利意识、参政意识、维权意识及其能力,建立多元化的权益受侵害妇女司法救济制度。

1. 将社会性别意识纳入立法程序

在人类历史发展的过程中,妇女与男子一样,共同推动着社会的进步与发展。社会性别意识体现了"以人为中心"的时代特征,要求全社会从性别的角度观察社会现实,并从行动上积极促进两性的协调发展。社会性别主流化即社会性别意识纳入决策主流,其基本内涵是"从人的基本权利出发,重新审视和反思现存的两性关系和性别规范,清理和消除两性发展中的政治、经济、文化壁垒和障碍,扩大男人女人的选择性,促使男女两性的全面健康发展"①。

将社会性别意识纳入决策主流,在公共政策和立法上体现社会性

---

① 李慧英:《社会性别与公共政策》,当代中国出版社,2002,第295页。

别意识,将对两性的发展产生深远的影响。如何将社会性别意识纳入公共政策决策主流,已成为当今世界一个引人注目的话题。目前,社会性别意识已纳入联合国的性别发展指标体系,成为衡量各国发展程度的指标之一。在全社会的共同努力下,中国政府一直致力于推进男女平等国策,消除各种性别歧视政策,保障妇女合法权益。我国是最早签署联合国《消除对妇女一切形式歧视公约》的国家之一,1995年的《北京行动纲领》中明确规定了提高妇女地位机构的首要任务是推动社会性别在国家政策中的主流化,将性别观点纳入所有立法、公共政策方案和项目中。

然而,现实中社会大众以及公共政策的决策者对社会性别的敏感性不足,导致立法中社会性别意识的缺失。现行农村土地承包法、村民委员会组织法等法律法规从表面的形式或者文本解读上看是中性的,并不含有歧视妇女权利的条款,甚至对妇女的保护超过了对男性权益的保护。但是,由于没有充分考虑到在一个具有性别文化差异的社会体系中,宏观政策可能对不同阶层和性别角色产生不同的影响,在实际执行中可能给妇女带来事实上的不平等。所以,必须从公共政策制定的源头采取措施,使中性的政策转变为有性别意识的政策,将社会性别意识纳入土地立法程序,提高立法部门、决策部门对社会性别的敏感度,使立法者在政策论证阶段就有意识地预见政策实施和运行可能带给妇女的负面影响。

除了在土地立法中要融入性别意识外,在立法过程中设定合理的女性立法者的数量和比例也十分重要。据联合国的有关研究显示,任何一个群体的代表在决策层只有达到30%以上的比例,才可能对公共政策产生实际影响力①。但中国显然没有达到这一比例。因此,作为法律制度的直接利益相关者,在土地立法者中适当增加女性立法者的数量和比例,或者提升女性在决策核心层的地位,可以避免女性群体的边缘化,使公共决策更加兼顾女性这一特殊群体的需求和利益,更加充分地体现两性平等的真实愿望。

2. 修订与完善农村土地承包制度

不可否认,现行农村土地承包法等法律法规有关妇女权益的规定还比较笼统,原则性较强,缺乏实质性、可操作性的内容,导致各地具体执行时差异很大,实施效果不一。在这种情况下,必须尽快修订与完善农村土地承包制度及其相关条文,使法律条文在内容上更加细化和更具可操作性,真正建立起保障妇女土地权益的法律机制。

(1) 明确界定土地承包经营权的主体资格

根据我国农村土地承包法第五条的规定,家庭承包的承包方是本集体经济组织的成员,因此必须尽早在法律上明确对"集体经济组织成员"的界定,明确土地承包经营权的主体资格。农村土地的承包方不仅可以是本集体经济组织的农户,也可以是有承包经营能力的个人。农村妇女可以不依赖于其家庭而成为独立的土地承包经营权主体,不论其结婚、离婚等都不会使已享有的土地承包权受到侵犯而丢失,在受到侵犯时也可以独立地享受诉讼权,受到法律的充分保护。

(2) 真正赋予妇女在家庭承包权中的共有地位

家庭承包方式下的农村集体土地实质上是按人分配按户发包,故只要是属于集体经济组织内部的成员,在土地发包时就可以依法获得

---

① 李慧英:《社会性别与公共政策》。

一份土地。因此,从权属性质看,在家庭外部,以"农户"为主体的土地承包经营权是一种物权,具有排他性;在家庭内部,每个成员对土地承包经营权应是一种按份共有关系。具体而言,在家庭共同关系存续期间,妇女与其他家庭成员一样共同享有权利并承担义务,在共同关系终止时(夫妻离婚、女儿出嫁等),妇女可依法请求分割家庭共有的承包地,要回属于自己的那份土地份额。

所以,在法律上应当明确界定家庭土地承包权的共有性质,真正赋予妇女在家庭承包权中的共有地位。结合目前各省市正在开展的农村土地承包经营权确权工作,可以采取土地承包证书"夫妻双名制"的做法,即在土地承包证书上应有夫妻二人的名字,或者把妇女作为承包权共有权人进行登记,也可以单独另发土地证给妇女,真正实现每一位妇女登有其名、名下有地。在土地承包期内,如果妇女因结婚、离婚、丧偶等原因分户并申请变更承包合同的,发包方应当按照法定程序办理相关手续。在进行家庭土地租赁、转让或者抵押时,要求出具两份土地承包关系书并有夫妻二人的签名才能生效,防止家庭其他成员在妇女不知情的情况下私自流转土地的行为发生。另外,随着各地农村土地承包经营权确权工作相继完成,新嫁入妇女的土地权益面临难题,建议尽早出台相关政策明确规定新嫁入妇女也可以和其他家庭成员享有家庭承包的土地、林地等共同使用、收益、处分的权益,使新嫁入的妇女不因未能参加新一轮土地确权而丧失土地。

(3) 在保障妇女合法权益基础上进行适当的土地调整

张林秀和刘承芳(2005)的研究和事实证明,"增人不增地、减人不减地"政策在实践中很难真正落实,一味地禁止土地调整反而容易导致妇女在婚姻关系变动中失去土地。实践中,大多数村组通过村民决议等规定土地调整的具体方案和办法,以满足社区人口增减或土地变动(征地、非农化等)而产生的调整需求。不少地区对于那些错过村庄土地首次承包和二轮承包机会的婚嫁迁入妇女及其子女,通过在妇女、儿童与老人之间进行适当的土地调整,不仅能够缓解村庄内部人口增减与承包土地分配间的现实矛盾,而且也有助于消除出嫁女在夫家村"无地可种"而在娘家村"有地难种"尴尬局面,切实保护妇女土地承包权益。

然而,现实中大多数村庄在制订土地调整方案时,是以村民(代表)大会、村民决议的方式表决通过,这样的土地调整往往为了兼顾大多数村民的利益而成为侵害婚迁妇女这一特殊群体合法权益的过程。如何在满足村社土地调整需求和保障婚迁妇女权益之间寻求平衡?一方面,应当加强对村规民约的监督指导,发挥乡镇政府的审核与纠错职责,对于那些与现行法律法规相抵触,歧视出嫁女、离婚(丧偶)回村妇女以及上门女婿等合法权益的村规民约一律要求重新加以修订。不管怎样,基层村社可以针对实际情况进行适当的土地调整,但是不能以村规民约为借口、以侵犯婚迁妇女的合法权益为代价。另一方面,针对土地调整容易造成地块细碎分散、影响地权稳定性这一问题,可通过"以调整土地收益的办法来达到调整土地面积的目的"这一做法,即从现有农户经营的耕地中核算提取少量集体收益,然后用这部分收益来补偿新增人口及历史遗留缺地人口的土地权益[①]。由于目前许多村组面临无机动地可供调整的状况,这种"经济补偿法"有一定的可取之处。对

---

① 潘远臣:《运用村民自治机制解决农村土地问题的尝试》,载乡镇论坛杂志《农民土地权益与农村基层民主建设研究》,中国社会出版社,2007,第189-196页。

于婚迁妇女而言,至少从经济上能够享受到作为集体经济组织成员的正当权益;对于其他农户而言,一定程度上也避免了土地重新调整所带来的细碎化问题。但是,这种做法的实施前提是村庄须有正常、稳定的集体资产收益,对于经济发展水平较高的村庄来说容易执行,但对于经济条件差、集体经济收益不佳的村庄而言,操作起来难度则较大。

(4) 积极推行股份合作等土地承包经营权流转方式

尽管在农户承包土地转包、转让、出租等流转过程中,妇女可能面临来自村庄和家庭两方面的权益侵害,但不可否认家庭承包制度下土地流转所带来的积极效应和重要意义,更不能据此而反对和限制流转。如何避免妇女在土地承包经营权流转中的权益流失,不仅需要从法律政策、村规民约、传统习俗等方面进行改革或修正,从根源上消除对妇女土地权益的侵害行为;而且,在土地流转方面,积极推行股份合作等市场化流转方式,使出嫁妇女通过入股流转行使自己的土地承包权,为解决妇女土地权益问题开辟新的途径。

股份合作是近年来在我国农村地区逐渐推广起来的一种农户承包土地流转方式,在发展现代农业、实施规模经营、增加农民收入等方面已发挥出显著的制度效应,而且,土地股份合作对于保护妇女权益更显优势。一方面,它在稳定土地承包关系不变的基础上,较好地解决了妇女婚嫁流动与承包土地固定之间的矛盾,一定程度上兼顾了土地承包过程中的公平与效率原则;另一方面,通过对土地折股量化,使农户家庭所享有的土地承包权从实物拥有变为股份拥有,有利于农村妇女个人财产从家庭共有财产中分离出来,解决妇女因外嫁、离婚、丧偶等婚姻变动所引起的土地分割问题,更好地保护妇女特别是婚姻变动妇女的土地权益。至于各个基层土地股份合作组织本身所面临的操作不规范、股权配置和收益分配不合理等实际问题,需要从制度、技术、市场、管理等多方面加以逐步完善,但从保障农村妇女土地权益角度而言,股份合作不失为解决现实问题的一种选择,尤其在妇女土地侵权问题较突出的地区,可加以借鉴推广。

3. 规范村民自治制度

在一个复杂的多元社会中,无论是正式法律制度还是非正式制度,都有其存在的空间。作为一种民主化的村级治理制度,村民自治在沿革中国数千年文化传统的基础上,在维护村庄内部秩序等方面产生了不可忽视的重要作用。然而,与此同时,农村妇女这一弱势群体也往往成为维护大多数村民利益的牺牲品,成为村民自治的受害者,从这角度来看,村民自治制度仍待改革完善。

解决的办法首先是要尽快建立对村民委员会的民主监督机制和权力约束机制。按照村民自治制度建立起来的村民委员会承担着执行各级政府法律政策和村民会议决议的重要职能,对其政策执行情况进行监督是实现农村社会政策目标、完善农村基层民主政治的有效保障。但是近年来许多基层村庄的村委会政策执行监督制度存在委托人监督缺失、代理人自我监督乏力、政策对象监督失效等问题,影响了国家政策的贯彻执行和村民合法权益的保障。现实中大多数村社党支部与村委会是两套牌子一套人马,村党支部与村委会之间"政社不分",村民代表大会常常变成党员干部会议,民主监督形同虚设。在这种情形下,"上有政策,下有对策"使国家法律制度的执行效果大打折扣,一些村委会常常利用村民自治赋予其的合法权力进行性别歧视,包括对妇女土地权益的侵害。有的妇女即使面对土地合法权益遭受侵犯的事实,也因惧怕村干部的打击报复而放弃维权。因此,要尽快建立对村委会的民主监督机制和权力约束机制,完善村委会政策执行监督体系,以提高村委会政策执行效率,推进农村基层民主政治建设。

其次,要建立对村规民约的审查和纠错机制。针对实践中发生的侵害妇女土地权益的村民自治章程、村规民约或者村民会议决议,以往的法律并没有建立起一套可行的审查和纠错机制,所以在面对村规民约侵害妇女土地权益的现实时,大多数法律显得较为苍白而无力。新村民委员会组织法第二十七条使我们似乎看到了一线新的希望,当村规民约与男女平等国策和法律制度相冲突时,乡镇人民政府有权责令其改正。然而,基层乡镇人民政府与村委会之间在行政业务和管理上有着千丝万缕的关系,究竟责令改正的权力到底有多大? 村委会如果不改正又怎么办? 基层法院又该怎样介入村规民约的司法审查? 这些问题需要我们深思。县、乡两级人民政府要经常组织力量加强对村规民约的监督检查,除了检查村规民约制定的程序外,更要重点检查村规民约的内容与合法性,如有违反法律规定侵害妇女土地权益的条款内容,应当要求村委会立即予以废止或修改,以树立国家正式法律的权威性,维护妇女的合法权益。

再次,各地应加快推进村规民约的修订工作。2013年江苏省各地开展了村"两委"集中换届选举,一些村同时启动了村规民约修订完善工作,但多数村尚未真正开始。借助于当前各地正在实施的土地承包经营权和宅基地确权工作契机,应加紧推进村规民约的修订工作,发动群众力量,献计献策。不仅要把村规民约的审查、修订与土地确权结合起来,相互推动,而且要借鉴各省市修订村规民约过程中维护妇女土地权益的成功经验,通过修订村规民约落实妇女的合法土地权益。

地方政府要提前介入涉及重要事项的村规民约审查制定。各级政府尤其是乡镇政府在解决农村妇女土地权益问题中具有重要的主导作用,对于土地承包与调整、征地补偿款分配、土地确权颁证等重要事项,地方政府要将工作端口前移,越早介入越能有效防止矛盾纠纷的发生。可在尊重村民自治的前提下,由各县(市、区)或乡(镇、街道)政府牵头,按照法律法规,结合本地实际,制订统一意见或指导性方案,把针对分配主体资格认定的原则、时间、条件、程序等内容明确下来,为基层村组制定村规民约提供官方权威的参考,使各村组在实际操作中统一规则,有据可依,避免各行其是、侵害妇女权益的行为发生。

最后,要切实赋予妇女在村民自治中的参与权和决策权。一些地区的村民代表大会、村委会等村民自治组织以“村里三分之二村民代表大会通过的决议不能更改”为由,剥夺妇女的土地权益,而这三分之二村民代表绝大多数也是男性,村民代表会议基本上由男性所控制,谈不上真正意义上的民主管理和民主决策。所以,决策主体的不广泛、决策程序的不合理、决策内容的不公正是当前村民自治亟待解决的难题。解决这一问题,需要在法律上进一步完善村民代表会议制度和村委会选举制度,避免村委会权力结构的性别化取向。对于与国家法律法规相悖的村民决议,妇女要有充分的表决权和决策权,及早避免村规民约对妇女等弱势群体土地权益的侵害,加快推进我国男女两性平等进程。

4. 加快出台“农村集体经济组织法”

界定集体经济组织成员资格是有效解决农村妇女土地权益的关键环节,从实践运行情况来看,一些县(市、区)以户口为依据的做法过于简单,容易引发矛盾纠纷。为了避免实践中基层村组对这一问题的理解不同而产生的混乱和纠纷,国家应当在一些地方实践的基础上开展顶层设计,加快出台“农村集体经济组织法”,或者由国务院先行制定

"农村集体经济组织成员资格界定办法"。通过立法,破解承包土地、宅基地、征地补偿款等分配中的主体资格不确定难题,为当前的土地确权和村组集体产权制度改革、社区股份合作制改革、征地补偿制度改革奠定法制基础。在统一规定集体经济组织成员资格的标准基础上,对出嫁女、离婚或丧偶女、招婿女等特定群体的成员资格应当明文规定,不能过于笼统,更不能存在有违公平和平等原则的歧视性规定,以防这些婚姻关系变动中妇女群体的集体经济组织成员资格流失。

5. 提高农村妇女的受教育程度,增强妇女参政意识和维权意识

农村妇女土地权益流失,一定程度上与妇女自身的受教育程度、权利认知水平、参政意识、维权意识等密切相关。一般而言,妇女的受教育程度越高,其在村庄和社区的社会活动能力越强,参政程度和权利认知水平越高,维权意识也越强,权益流失现象则越少。但是,必须承认的是,土地家庭承包制背景下农户家庭生产功能的恢复,使得大多数农村妇女的活动重新缩小到家庭范围,妇女的社会政治参与程度趋于下降,许多家庭中男性户主成为事实上的"家庭法人代表",或者只有当男人不在家或者不愿意参加的情况下,妇女才有机会代表家庭出席社区集体活动。这种状况对于维护妇女土地权益、提升社会经济地位十分不利。因此,社会各界应该给广大农村妇女提供更多的教育、经济、政治、社会参与机会,提高她们的文化知识水平和参政能力。在基层社区事务管理和重大决策中,特别是与妇女切身权益相关的土地承包权分配与调整、征地补偿款分配、集体福利收益分配等事项决策时,一定要有足够数量的妇女参与具体方案的讨论和决策,让妇女有充分的话语权。在更高层次的政治活动中,要采取有利于促进女性参政的性别保障措施和民主竞争机制,制定妇女参政的性别比例和数量指标,不断提

升妇女在各级政治权力结构中的地位,推动男女两性平等的进程。

此外,还要加强农村妇女的职业技能培训和女童的基础教育。妇女的就业能力强,可以获得较多的职业选择机会,减少家庭和农业对妇女的束缚,从而缓解农业女性化的压力。因此,一方面,必须加强对农村妇女的职业技能培训,提高妇女的就业竞争力,促使广大妇女走出家庭、走出农业、走出农村。或者通过各种途径开展对农村留守妇女的专业技术培训,向她们传授先进的现代农业科学技术,着力培养更多的实用新型职业女农民,提高妇女的收入水平。另一方面,要关注农村女童的基础教育。农村女童是未来的希望,要提高妇女的社会地位必须从女童的基础教育抓起。因此,要高度重视农村女童的九年制义务教育和贫困地区的"春蕾计划",降低失学女童比例,提高妇女的整体素养,造福子孙后代。

6. 建立健全妇女土地权益司法救济制度

当农村妇女土地权益受到侵害后,选择适当的权利救济方式与途径十分重要。究竟采取哪种权利救济方式最为有效? 笔者认为,应当从以下四大方面着手。

(1) 建立多元化的土地权利救济途径

当农村妇女土地权益受到侵害后,选择适当的权利救济途径十分重要。"无救济即无权利",救济本身可以被看作"第二权利"[①]。妇女对自己权利的主张,是其权利意识的高级层次,只要属于合法途径的维权,就应当给予支持。鉴于目前农村妇女维权渠道有限、维权难度较大等问题,各地应尽快建立起多元化的权利救济途径,为土地权益流失妇

---

① 夏勇:《走向权利的时代》,中国政法大学出版社,1999。

女提供各种维权途径选择。如针对当前正在开展的土地确权,提倡建立起土地登记权利救济制度,包括土地承包经营权初始登记、变更登记、异议登记和登记错误的赔偿责任制度等,一旦在土地承包经营权确权中发生妇女权利缺失和利益受损问题,可以启动权利救济程序来依法主张其合法权利并赔偿各种损失。

权利需要保护,但更要依法维权,要按正当的渠道来解决问题。根据我国法律规定,当妇女土地及相关权益受到侵害后,其权利救济途径主要有协商、调解、仲裁、法律诉讼等。协商方式具有方便、快捷、及时和费用低廉的特点,在妇女面临土地权益受到侵害时,可以首先向其所在村组进行沟通和协商,协商不成,再向当地乡镇政府及相关部门请求调解。调解是一种依靠社会力量救济土地权益遭受侵害妇女的机制,比较符合当前中国农村乡土社会的传统习惯和道德伦理,相比于司法途径而言,更易为大多数农民所接受。对于以村民决议的名义侵夺妇女土地权益的案件,可请求所在地的基层政府或有关主管部门进行行政复议或仲裁,也可以请求专门的妇女维权机构出面帮助解决,避免失地妇女投诉无门状况的发生。法律诉讼往往是解决妇女土地权益问题的最后一道防线,一般情况下也是大多数妇女不得已而采取的一种维权方式,各级法院不能以任何理由推诿或拒绝受理。为了充分保障权利人救济权的行使,各级地方法院应尽量简化司法程序,降低妇女土地维权成本,提高维权工作效率。

(2)依靠各种社会力量帮助妇女维权

作为弱势群体,妇女自身维护其土地权益的力量十分有限,因此需要社会各方力量的积极支持和帮助,包括地方政府及相关部门、妇联、社会媒体、法院等。其中,妇联是群众性团体,虽然没有执法权,但有宣传和协调之职责,工作中要倾听不同利益群体的意见和弱势群体的声音,准确反映问题并提出合理的处理建议,多为妇女办实事;政府农业行政部门应当尽快建立健全土地承包仲裁机构,完善仲裁程序,妥善化解妇女与村委会之间的土地权益纠纷;各社会媒体可以发挥舆论监督作用,多渠道、多形式、全方位地开展法制宣传和教育活动,宣传农村土地承包法、妇女权益保障法等维护妇女土地权益的各种法律法规,增强妇女法律意识与维权意识;各级司法部门和法院应当依法为失地妇女提供各种形式的法律支持,对一些明显侵犯出嫁女和离婚妇女土地权益的典型案件,要依法受理,帮助妇女通过法律渠道获得应有的土地权益。

（3）充分发挥妇女议事会的重要作用

作为广大妇女群众的"娘家人",各级妇联多年来利用基层妇女维权服务站点、妇女之家、12338 妇女维权公益服务热线等多种载体阵地,广泛宣传各项农村政策,提高农村妇女的参政水平和维权能力,及时开展纠纷排查化解工作,在维护农村妇女土地权益方面发挥了重要作用。各基层妇女议事会作为妇女参政议政的有效平台,正在成为各级妇联部门联系和服务妇女群众的重要抓手,尤其是在当前农村各项改革中妇女权益易受侵害的情形下,更要充分发挥其在推进妇女参与民主协商、畅通诉求表达渠道、维护妇女合法权益等方面的积极作用。

（4）探索妇女土地权利保护的公益诉讼制度

农村妇女自身知识与能力的欠缺往往使她们不知道如何保护自身的合法土地权益。因此,为妇女提供专门的法律援助十分必要,公益诉讼制度（public interest litigation）在维护农村妇女土地权益方面就是一种值得探索的方式。

公益诉讼是法定主体（包括国家机关、社会组织和个人）依据法律的规定,对违反法律法规,侵犯国家利益、社会利益和不特定多数人利益的行为,向法院起诉,由法院追究相关人法律责任的活动。在西方国家的司法制度中,公益诉讼在保护弱势群体利益方面发挥了传统诉讼难以取得的作用,因而受到各国政府及相关部门、社会公众的重视,成为各种公益团体经常使用的一种手段,实践运行效果良好。在中国,至今尚未建立起真正意义上的公益诉讼制度,公益诉讼的实践正处于起步阶段,而对于农村妇女这一特殊群体的公益诉讼则更少[①]。1995 年12 月,北京大学法学院妇女法律研究与服务中心成为中国第一家专门从事妇女法律援助和研究的公益性民间组织,先后代理了安徽桐城、内蒙古呼和浩特、广东惠州等地多名出嫁女的土地征用补偿纠纷案件,为她们提供了专业化的公益诉讼等法律援助,帮助她们讨回了公道。可见,通过公益诉讼来维护妇女土地权益,具有较高的社会现实意义,它有利于保护社会弱势群体,强化对依法行政的监督,且对于解决其他妇女权益问题也具有一定的推广作用。因此,应当积极探索农村妇女土地权益保护的公益诉讼制度,建立起以妇联、法院、检察院、社会团体等为主体的公益诉讼团体,并设置一定的公益诉讼基金来帮助土地权益遭受侵犯的妇女进行维权,切实保障妇女合法土地权益。农村妇女自身知识与能力等方面的欠缺往往使他们的权利意识处于“混沌”状态,不知究竟应该如何保护自身的合法土地权益。因此,为妇女提供专门的法律援助十分必要,而公益诉讼制度在维护农村妇女土地权益方面是一种值得思考和探索的方式。

---

① 郭建梅、李莹:《关于妇女土地权益保护公益诉讼的探索与实践》,载乡镇论坛杂志《农民土地权益与农村基层民主建设研究》,中国社会出版社,2007,第 337 - 348 页。

参考文献

[1] Tripp A M. Women's movements, customary law, and land rights in Africa: the case of Uganda[J/OL]. African studies quarterly, 2008. http://www. africa. ufl. edu/asq/v7/v7i4a1. htm.

[2] FAO. Women, Agriculture and Rural Development—A Synthesis Report of the Africa Region[R]. Rome, 1995.

[3] FAO. Rural Women and Food Security: Current Situation and Perspectives[R]. Rome, 1996.

[4] Katz E, Chamorro J S. Gender, Land Rights, and the Household Economy in Rural Nicaragua and Honduras[R]. Pachuca: the Regional Workshop on Land Issues in Latin America and the Caribbean, 1922.

[5] Allendorf K. Do women's land rights promote empowerment and child health in Nepal[J]? World Development, 2007, 35(11): 1975 – 1988.

[6] Rao N. Land rights, gender equality and household food security:

Exploring the conceptual links in the case of India[J]. Food Policy，2006，31(2)：180-193.

[7] Udry C. Gender，Agricultural Production，and the Theory of the Household[J]. Journal of Political Economy，1996，104(5)：1010-1046.

[8] 蔡葵,黄晓.社会性别与农村发展政策——中国西南的探索与实践[M].北京:中国社会科学出版社,2009.

[9] 常向阳.妇女生存与发展30年——基于江苏视角的研究[M].南京:江苏人民出版社,2009.

[10] 陈敏.从社会性别的视角看我国立法中的性别不平等[J].法学杂志,2004(5):49-51.

[11] 陈苇.家事法研究[M].北京:群众出版社,2006.

[12] 陈小君.农村土地法律制度研究——田野调查解读[M].北京:中国政法大学出版社,2004.

[13] 陈小君.农村土地法律制度的现实考察与研究——中国十省调研报告书[M].北京:法律出版社,2010.

[14] 陈小君,麻昌华,徐涤宇.农村妇女土地承包权的保护和完善——以具体案例的解析为分析工具[J].法商研究,2003(3):77-81.

[15] 邓新建.广东为"外嫁女"立法开全国先河[N].法制日报,2007-06-07.

[16] 狄金华.土地流转中女性的地位与权益[J].妇女研究论丛,2005(1):14-18.

[17] 杜芳琴.贫困与社会性别:妇女发展与赋权[M].郑州:河南人民出版社,2002.

[18] 杜江涌. 从和谐社会构建看农村妇女土地权益的保障[J]. 农村经济,2008(3):23-26.

[19] 高飞. 农村妇女土地权益保护的困境与对策探析[J]. 中国土地科学,2009(10):47-51.

[20] 高小贤. 当代中国农村劳动力转移及农业女性化趋势,社会学研究[J]. 1994(2):83-90.

[21] 韩湘景. 2009—2010 年:中国女性生活状况报告(No. 4)[M]. 北京:社会科学文献出版社,2010.

[22] 李慧英. 社会性别与公共政策[M]. 北京:当代中国出版社,2002.

[23] 李惠英,田晓红. 制约农村妇女政治参与相关因素的分析:村委会直选与妇女参政研究[J]. 中华女子学院学报,2003(2):6-11.

[24] 李文. 中国农村妇女经济地位实证研究——以江苏省和甘肃省为例[J]. 农业经济问题,2009(4):26-32.

[25] 梁亚荣,张梦琳. 土地承包中农民权利意识的审视——基于江苏省的实证研究[J]. 中国农村观察,2007(5):49-56.

[26] 刘筱红. 塘沽模式:将社会性别意识纳入村民自治主流——对"提高农村妇女当选村委会成员比例政策创新示范项目"的观察与思考[J]. 妇女研究论丛,2005(9):18-25.

[27] 洛伦佐·科图拉. 性别与法律——妇女在农业中的权利[M]. 北京:中国科学技术出版社,2002.

[28] 卢荣荣,陈浩. 以案说法:维护土地权益[M]. 北京:海洋出版社,2010.

[29] 马冬玲. 在促进农村妇女参与村委会选举中推进社会性别平等——妇联组织与民间妇女组织的努力[J]. 妇女研究论丛,2006

(12):15 - 19.

[30] 马忆南. 妇女土地维权的困境与出路[J]. 中华女子学院学报，2008(4):27 - 29.

[31] 南通市妇联办公室. 关于我市农村妇女土地权益问题的调查报告[J]. 南通妇女工作,2007(18).

[32] 全国妇联妇女儿童权益部调查组. 土地承包与妇女权益——关于农村第二轮土地承包工作中妇女权益被侵害情况的调查[J]. 中国妇运,2000(3):30 - 33.

[33] 全国维护妇女儿童权益协调组. 全国农村妇女权益状况和维权需求调查报告[J]. 中国妇运,2007(3):5 - 11.

[34] 世界银行. 中国国别社会性别报告[R]. 2002.

[35] 谭琳,杜洁等. 性别平等的法律与政策——国际视野与本土实践[M]. 北京:中国社会科学出版社,2008.

[36] 王歌雅. 性别排挤与农村女性土地承包权益的救济[J]. 求是学刊,2010(3):62 - 68.

[37] 王景新,中国农村妇女土地权利——意义、现状、趋势[J]. 中国农村经济,2003(6):25 - 31.

[38] 王士海,刘俊浩. 对新农地制度政策倾向的反思[J]. 中国农村经济,2007(12):40 - 46.

[39] 王修达. 征地补偿安置中的寡与不均[J]. 中国农村经济,2008(2):18 - 28.

[40] 吴兴国. 集体组织成员资格的取得及成员权的行使——兼及对农村土地承包经营权流转的影响[EB/OL]. (2005 - 07 - 13). http://theory.people.com.cn/.

［41］吴兴国.集体组织成员资格及成员权研究[J].法学杂志,2006(2):91-94.

［42］乡镇论坛杂志社.农民土地权益与农村基层民主建设研究[M].北京:中国社会出版社,2007.

［43］于怀清.新土地政策:妇女权益之变[M].中国妇女报,2008-12-01.

［44］于语和.村民自治法律制度研究[M].天津:天津社会科学院出版社,2006.

［45］张凤华.新农村建设背景下的农村女性民主参与[J]江海学刊,2008(3):124-128.

［46］镇江市妇联.江苏扬中农村妇女维权热点难点问题调查[EB/OL].(2010-11-08).http://www.women.org.cn/allnews/02/3160.html.

［47］支晓娟,吕萍.我国农村妇女土地权利的制度考察[J].兰州学刊,2010(6):54-57.

［48］"中国性别平等与妇女发展指标研究与应用"课题组.中国性别平等与妇女发展评估报告(1995—2005)[J].妇女研究论丛,2006(3):11-21.